THÉATRE

COMPLET

DE

ÉVARISTE CARRANCE

LIBRAIRIE DU COMITÉ DES CONCOURS POÉTIQUES

DU MIDI DE LA FRANCE

THÉATRE COMPLET

THÉATRE

COMPLET

DE

ÉVARISTE CARRANCE

———

LE CHOIX D'UN MARI
MAISON A LOUER
VINGT MINUTES D'ARRÊT... BUFFET
LE CAMÉLIA
L'ÉMERAUDE

———

LIBRAIRIE DU COMITÉ DES CONCOURS POÉTIQUES
DU MIDI DE LA FRANCE

LE CHOIX D'UN MARI

Comédie en trois Actes, en Prose

PERSONNAGES :

Mme DU FRESNEL.
Mme IRÈNE DE CHATEAUNEUF, sa fille.
M. LÉO DUVAL, auteur dramatique.
M. ARISTIDE DE CLAIRVAUX, notaire.
M. DUPLESSIS, boursier.
M. DUPUY.

Un vaste salon bien décoré. Canapé, fauteuils, glaces, etc. Au premier plan, un guéridon et deux causeuses. Porte au fond à droite et à gauche.

La scène se passe à Paris en 1874.

LE CHOIX D'UN MARI

ACTE PREMIER

SCÈNE PREMIÈRE

MADAME DU FRESNEL, IRÈNE

(Toutes deux sont assises auprès d'un guéridon. — Irène travaille à une broderie.)

Mme DU FRESNEL

Voulez-vous connaître toute ma pensée, ma fille ?

IRÈNE

Je ne demande pas mieux, ma mère.

Mme DU FRESNEL

Eh bien ! votre projet n'a pas l'ombre du bon sens,

et je vous jure que cela ne s'est jamais vu, même au théâtre.

IRÈNE

Il faut un commencement à tout.

Mme DU FRESNEL

Mais c'est de l'extravagance toute pure.

IRÈNE

(Elle pose sa broderie.)

Ce que vous appelez extravagance, en vous inspirant de je ne sais quel préjugé, ma mère, moi, je l'appelle raison. — J'ai vingt-six ans et je suis veuve. Mieux que personne vous savez combien mon mariage a été malheureux... je ne reprendrai pas le long thème des unions désassorties, dont la responsabilité remonte presque toujours aux grands parents; j'ai perdu mon mari que les convenances n'ont fait pleurer, car les convenances rendent parfois hypocrite, ma mère...

Mme DU FRESNEL

Ma fille !

IRÈNE

Mais songez donc que je ne pouvais aimer un homme qui avait deux fois mon âge, que j'ai épousé par force, qui était injuste, égoïste, avare.

Mme DU FRESNEL

Et qui en mourant vous a laissé un million !

IRÈNE

En échange de mes rêves brisés, de mes illusions envolées, de mon cœur fermé à la jeunesse, à la vie, à l'espoir, à toutes les aspirations de la jeune fille, à toutes les croyances de la jeune mère.

Mme DU FRESNEL

Il est singulier, Irène, que vous ayez conservé encore ce caractère romanesque et anti-chrétien que vous avez puisé dans les livres que publie cette époque scandaleuse.

IRÈNE

Vous vous trompez, ma mère ; ce caractère romanesque dont vous voulez me faire un crime, j'ai dû le transformer dans les quatre années passées avec le comte de Châteauneuf ; et aujourd'hui, c'est à ma seule raison que j'en appelle pour faire choix d'un mari : je le veux jeune, aimable, bon, et je ne sache pas de morale qui condamne ma résolution.

Mme DU FRESNEL

Je vous l'ai dit, Irène, elle est absolument insensée, et c'est l'avis de l'excellent M. Dupuy.

IRÈNE

L'honorable ami de la famille.

Mme DU FRESNEL

J'espère bien, ma fille, que vous ne trouverez rien à reprendre à la conduite de M. Dupuy : c'est un homme d'une probité scrupuleuse, d'une honnêteté proverbiale, d'une piété évangélique et d'un désintéressement...

IRÈNE

Qui s'intéresse un peu trop aux affaires des autres...

(Un domestique annonçant : M. Dupuy.)

Je vous laisse, ma mère, mais je vous préviens que je ne me marierai qu'avec celui que je choisirai.

(Elle sort.)

SCÈNE II

Mme DU FRESNEL, DUPUY

Mme DU FRESNEL (allant au-devant de Dupuy.)

Avoir élevé les enfants jusqu'à cet âge pour s'entendre dire de telles choses. Ah! la société est vraiment bouleversée!

DUPUY

Bouleversée... c'est le mot; pas de religion, pas de pitié, pas de cœur, oui, ma chère amie, pas de cœur. Cette société injuste vient d'insulter mes cheveux blancs...

Mme DU FRESNEL

Que dites-vous là, mon ami.

DUPUY

La vérité. (Il prend un siège.) Figurez-vous qu'en traversant le boulevard, mon pied glisse, et que je m'étends sur le trottoir, rendu très dangereux par suite des dernières neiges...

Mme DU FRESNEL

Poursuivez; vous ne vous êtes pas blessé, j'espère.

DUPUY

Dieu m'a protégé. Je me suis relevé aussitôt (il se lève) et j'ai aperçu près de moi ce jeune écrivain, ce monsieur Duval, que j'ai eu la douleur de rencontrer plusieurs fois dans vos salons.

Mme DU FRESNEL

Dans ceux de ma fille...

DUPUY

Le monde dit, telle mère...

Mme DU FRESNEL

N'achevez pas, mon ami, vous savez bien que jusqu'à présent toutes mes raisons se brisent contre la volonté de Mme de Chateauneuf... Et ce M. Duval, que je déteste autant que vous, a été peut-être inconvenant à votre égard?

DUPUY

Inconvenant! dites grossier, ma bonne amie; il m'a demandé d'abord, en feignant l'intérêt, si je ne m'étais pas fait de mal... et sur ma réponse négative, il est parti en se tordant de rire... Oh! mais d'un rire! et le monde s'amassait... et si je ne m'étais promptement retiré, je servais de point de mire aux huées d'une centaine de badauds.

Mme DU FRESNEL

Mais j'y songe, cette chute pourrait avoir des conséquences sérieuses; peut-être serait-il utile de vous faire donner quelques soins... je vais sonner.

DUPUY

N'en faites rien, je vous prie. Des intérêts plus importants doivent nous occuper... J'ai vu ce matin le digne M. Duplessis, qui paraît impatient de terminer l'affaire que vous savez... Irène s'est-elle enfin décidée?

Mme DU FRESNEL

Toutes mes raisons ont échoué devant son entêtement.

DUPUY

C'est incroyable !

Mme DU FRESNEL

Je lui ai parlé de vous, dont l'amitié pour notre famille ne s'est jamais démentie ; je lui ai dit que vous n'approuviez pas ses idées.

DUPUY

Je ne voudrais pas vous blâmer, mon amie, mais peut-être avez-vous eu tort de parler de mon opinion à ce sujet.

Mme DU FRESNEL

Irène n'a-t-elle pas été habituée à vous considérer comme un second père ?

DUPUY

Je voudrais causer un instant avec elle.

Mme DU FRESNEL

Je la crois fort mal disposée.

DUPUY

Je saurai à quoi m'en tenir. Voyons, ne considérez, je vous prie, que le dévouement d'un vieil ami, et priez madame de Châteauneuf de venir causer un instant avec moi.

Mme DU FRESNEL

Je vous obéis.

(Elle sort.)

SCÈNE III

DUPUY (seul.)

La petite sotte serait capable de faire manquer une affaire d'or... a-t-on jamais vu cela ? Et cette bonne Madame du Fresnel qui ne peut pas inspirer à sa fille une sage résolution ! Au milieu de quelle société étrange vivons-nous !

SCÈNE IV

DUPUY, IRÈNE

IRÈNE

Vous avez demandé à me voir, Monsieur.

DUPUY

Oui, mon enfant, (s'asseyant) j'avais besoin de causer avec vous d'affaires graves, très graves peut-être.

IRÈNE (elle prend un siège)

Ce sont là des sujets de conversation qui ne sont pas de mon âge, monsieur Dupuy; je laisse la gravité aux vieillards.

DUPUY

C'est un triste privilège que la jeunesse devrait par condescendance partager avec eux. Voyons, mon enfant, croyez-vous à l'amitié ?

IRÈNE

Cela dépend. Je suis devenue sceptique.

DUPUY

Mais je crois que vous ne doutez pas de l'amitié, pleine de respect, que j'ai vouée à votre famille, Madame; j'ai été jusqu'à sa mort l'ami de votre père.

IRÈNE

Nous parlions de l'amitié en général.

DUPUY

Accordez alors à la mienne le bénéfice des exceptions. Pour vous parler d'affaires très graves, j'ai besoin que vous ne doutiez pas de la noblesse de mes sentiments.

IRÈNE

Vous me faites peur avec vos grands mots, monsieur Dupuy, et j'hésite à vous écouter. Il y a quatre ans vous êtes venu comme aujourd'hui me parler d'affaires très graves! un mois après j'ai épousé M. de Chateauneuf et j'ai été malheureuse avec lui.

DUPUY

Votre famille a pu se tromper une fois, mon enfant, en croyant faire votre bonheur.

IRÈNE

Ma mère, qui a pour vous une estime particulière, a reçu de vos mains l'époux que vous aviez choisi pour sa fille.

DUPUY

Mais il y a erreur, mon enfant; je n'ai pas pu... je n'avais pas le droit... je n'aurais pas osé...

IRÈNE

Et aujourd'hui, Monsieur Dupuy, vous venez me proposer un second vieillard...

DUPUY

Un homme de quarante et quelques années... qui appartient au meilleur monde; un esprit sérieux et posé, capable de rendre une femme heureuse... Voyons Irène, songez à votre mère qui désire cette union, et qui veut, avant de mourir, laisser sa fille à l'abri des méchantes insinuations du monde.

IRÈNE

Ah ! le monde s'occupe de moi ?

DUPUY

Vous le demandez ! Vous êtes jeune, riche et belle... Vos salons sont ouverts à une foule de jeunes gens dont la valeur est aussi discutable que la moralité... vous recevez des peintres, des poètes, des journalistes !

IRÈNE

Je reçois qui je veux, Monsieur, et ces jeunes

gens que vous traitez avec ce ton dédaigneux portent sur le front l'auréole de la jeunesse et du talent.

DUPUY

Moi... je les traite avec dédain ? c'est le monde, mon enfant ! toujours le monde, avec lequel il faut compter.

IRÈNE

Est-ce que je m'occupe de lui, moi ?

DUPUY

Je ne proscris pas ces réunions de la jeunesse, je les encourage, au contraire... mais il faut avoir un mari...

IRÈNE

Pour mieux dérober au monde les petites faiblesses du cœur; est-ce bien ce que vous voulez dire?

DUPUY

Vous me comprenez mal, ou je ne me suis pas bien expliqué, mon enfant.

(Un domestique annonçant : M. Léo Duval.)
(Dupuy, se levant.)

Nous reprendrons plus tard cette conversation.

IRÈNE

Ne l'avons-nous pas épuisée ?

DUPUY

Je reste sur le champ de bataille.

SCÈNE V

LES MÊMES, LÉO

LÉO

Madame, je vous présente tous mes hommages.

IRÈNE

Bonjour, monsieur Léo, vous devenez rare.

LÉO

Tiens, vous êtes ici, M. Dupuy; enchanté de vous rencontrer... et cette chute de ce matin ?

IRÈNE

Comment, M. Dupuy...

LÉO

A voulu m'imiter, Madame. Les auteurs dramatiques font quelquefois des envieux.

DUPUY

Monsieur, je crois que je suis tombé décemment.

LÉO

Comment donc, Monsieur, la muse la plus pudique n'aurait pu se formaliser.

DUPUY

D'ailleurs, je ne suis pas de ceux qui recherchent ces accidents, comme certains auteurs dramatiques... (à part) attrape.

LÉO

Que vous connaissez, hein ?

IRÈNE

Monsieur Léo, j'ai bien regretté l'accueil peu sympathique qui a été fait à votre dernière comédie. Le public a peut-être été injuste...

LÉO

Le public est notre maître, madame, nous devons nous incliner devant ses arrêts. Ma pièce est tombée bravement sur le champ d'honneur, c'est à recommencer, voilà tout. Seulement, ce matin, en voyant ce bon, cet excellent M. Dupuy étendu sur la neige, la pensée que tout le monde pouvait tomber m'est venue à l'esprit, et j'ai ri d'un cœur...

DUPUY

Ce n'était pas si risible que cela.

LÉO

Puisqu'il n'y avait rien de cassé, rien de démis. D'ailleurs, d'une chute...

IRÈNE

On se relève n'est-ce pas ?

LÉO

Je l'espère, Madame... et je vous apportai un coupon de loge pour la représentation de lundi prochain.

IRÈNE

Encore une comédie.

DUPUY

Vous êtes peut-être imprudent ?

LÉO

Bon, il n'y a que la première chute qui coûte.

IRÈNE

Le nom de votre comédie ?

LÉO

Un tout petit acte qui a pour titre : le *Pays du Bonheur* ; voudrez-vous assister à sa première représentation ?

IRÈNE

Je vous le promets.

LÉO

Je regrette de ne pouvoir vous offrir un billet, M. Dupuy

DUPUY (sournoisement)

Je vous sais gré de votre intention, Monsieur, mais je ne vais jamais au théâtre, je préfère aller entendre un grand orateur chrétien.

IRÈNE

Il y a un temps pour tout. Le titre de votre pièce est fort joli, monsieur Léo... Le *Pays du Bonheur* ! Sur quelle carte du monde se trouve-t-il ?

LÉO

C'est ce que se demande le principal personnage de ma bluette.

DUPUY (à part.)

Il y a de l'amour là-dessous ; (haut) je reviendrai.

(il s'incline et sort.

SCÈNE VI

IRÈNE, LÉO

IRÈNE (joyeusement.)

Ah ! mon Dieu ! il est parti.

LÉO

Un triste ami que possède là madame votre mère !

IRÈNE

Je hais cet homme... il ressemble à un oiseau de proie, et je vous jure que par instants il me fait peur.

LÉO

Que ne le consignez-vous à la porte de votre hôtel ?

IRÈNE

J'obéis à des considérations de famille ; cet homme a été l'ami de mon père.

LÉO

Lui ?

IRÈNE

Pourquoi cet étonnement ?

LÉO

Je songeais à une histoire que me racontait dernièrement monsieur de Clairvaux.

IRÈNE

Mon notaire ?

LÉO

Précisément, madame.

IRÈNE

Et cette histoire ?

LÉO

Hélas ! il ne m'est pas permis de la dévoiler.

IRÈNE

Et à propos de l'ami de mon père ?

LÉO

M. Dupuy, madame, n'a jamais été l'ami de personne.

IRÈNE

Gardez vos secrets, monsieur Léo, je ne vous les demande plus... mais serez-vous aussi mystérieux sur le sujet de la pièce que vous avez si heureusement appelée le *Pays du Bonheur* ?

LÉO

Non, madame, mais le poème de ma bluette est tellement simple !...

IRÈNE

Que vous redoutez le jugement d'une amie et que vous allez réclamer celui du public... Est-ce bien cela?

LÉO

Pas précisément, mais il y a dans ce petit acte des nuances qui m'échapperont peut-être.

IRÈNE

Allons, monsieur Léo, je ne vous demande que le canevas de votre broderie.

LÉO

Le théâtre représente un salon, comme celui-ci, par exemple.

IRÈNE

Voilà pour le décor.

LÉO

Au lever du rideau, une jeune veuve occupe la scène et raconte les amertumes de sa vie. Toute jeune elle a été sacrifiée à un vieillard égoïste et jaloux; elle a dû renfermer en son sein tous les rêves de son âme; elle a vu s'effeuiller lentement les plus suaves fleurs de sa jeunesse. Elle est encore jeune, elle est encore belle, mais la tristesse la domine et l'étreint de ses bras glacés.

IRÈNE

Mais cette jeune femme n'a pas de mère... n'est-ce pas monsieur Léo ?

LÉO

Pardon, madame ; mais sa mère, en lui donnant un vieillard très riche pour époux, a cru faire son bonheur. Elle n'a pas songé qu'elle avait été jeune aussi. Elle a regardé la vie par le côté prosaïque et froid ; sa fille a été malheureuse.

IRÈNE

Cela devait être. Ce début m'intéresse beaucoup.

LÉO

Mais cette jeune femme, cloîtrée dans un vaste château, n'a pu perdre toutes ses illusions. Son cœur qu'elle croit mort n'a jamais battu. Certaines fleurs se ferment à l'approche de la nuit, comme si l'ombre les effrayait, et se rouvrent le lendemain, sous les tièdes caresses du soleil.

IRÈNE

Que dit-il là, mon Dieu !

LÉO (continuant)

Mon héroïne, vivant loin du monde, a conservé quelques relations avec lui ; un jeune touriste, frère d'une de ses amies du couvent, visite par hasard la châtelaine abandonnée.

IRÈNE

C'est peut-être celui qui cherche le pays du bonheur ?

LÉO

Vous rendez ma tâche facile, madame ; le nouveau personnage qui se présente ainsi est un admirateur de tout ce qui est grand et beau ; il est poète et cherche avec la croyance du poète un cœur dont l'image pourra l'occuper tout entier : c'est un Lamartine qui appelle une Graziella, un Pétrarque qui demande une Laure, un Dante qui cherche une Béatrix.

IRÈNE

C'est donc une grande passion qu'il faut à ce cœur?

LÉO

C'est l'amour qui a manqué à cette jeune femme pour la faire heureuse et enviée de tous; c'est le rayon qui n'a pas brillé sur cette fleur.

IRÈNE

Vous avez raison, monsieur Léo, l'amour véritable fait étinceler la vie ; mais l'amour véritable se rencontre-t-il sur notre terre ?

LÉO

Vous en doutez, Madame, lorsque vous sentez en vous des trésors de tendresse et de dévouement; lorsque votre jeunesse rêveuse sent frissonner en elle des aspirations fébriles vers un idéal qui est celui du cœur humain; lorsque autour de vous tout aime, tout espère, tout rayonne sous le souffle du Créateur? Car toutes les œuvres que nous contemplons dans cet univers harmonieux sont écloses sous le regard de l'amour! Non! non! vous n'en doutez pas, Madame, j'en appelle à vos souvenirs, à vos rêves, à vos nuits sans sommeil...

IRÈNE

Monsieur! monsieur!

LÉO (lui prenant la main)

J'en appelle aussi à votre sincérité.

SCÈNE VII

LES MÊMES, Mme DU FRESNEL

Mme DU FRESNEL

Eh bien! que faites-vous donc, ma fille? oubliez-vous que M. Dupuy attend dans l'antichambre le moment où vous voudrez le recevoir?

IRÈNE

M. Léo, ma mère, me racontait le sujet de sa nouvelle comédie.

Mme DU FRESNEL

Et vous formez des vœux pour le succès de Monsieur?

IRÈNE

Sans doute, ma mère.

Mme DU FRESNEL

Je m'associe à ces vœux, qui sont d'une bonne chrétienne, mon enfant, mais je prie Monsieur de ne pas s'opposer plus longtemps à l'accomplissement de vos devoirs..

(Léo salue et sort.)

SCÉNE VIII

IRÈNE

Mon Dieu! mon Dieu! quand serai-je donc maîtresse?

Mme DU FRESNEL

Quand vous consentirez à épouser monsieur Duplessis, ma fille.

IRÈNE

Jamais, ma mère.

Fin du premier Acte

ACTE II

SCÈNE PREMIÈRE

DUPUY, IRÈNE

Irène est assise sur le canapé. — Dupuy sur une causeuse en face d'elle.

DUPUY

Consentez à recevoir M. Duplessis, mon enfant ; c'est un homme du meilleur monde, et je suis persuadé que les préventions que vous avez contre lui s'effaceront complètement.

IRÈNE

Je n'ai pas de préventions contre M. Duplessis.

DUPUY

Mais alors, votre refus persistant ?...

IRÈNE

S'explique par un premier mariage qui a été malheureux.

DUPUY

Mais enfin, vous ne prétendez pas, à votre âge, renoncer au mariage ?

IRÈNE

Je veux un mari selon mon cœur! l'union que vous me proposez serait scandaleuse; je préfère ma liberté.

DUPUY

Scandaleuse! oh! que ce mot est déplacé, mon enfant.

IRÈNE (elle se lève et va vers Dupuy)

Je ne trouve pas. Vous appartenez à ce monde positif qui marie un sac d'écus à un autre sac d'écus et qui ne s'inquiète pas d'autre chose. Eh bien! j'ai vingt-six ans; en secouant la volonté de ma mère, je retrouve ma volonté; je ne veux pas une seconde édition de la vie de sacrifices que j'ai subie une première fois; gardez votre vieillard, je le répète, je veux garder ma liberté.

DUPUY

Vous croyez donc être malheureuse avec cet honnête homme ?

IRÈNE (revenant lentement s'asseoir)

Je ne veux pas tenter une seconde expérience, la première m'a meurtrie !

DUPUY (avec émotion ; il se lève)

Tenez, mon enfant, je ne veux plus vous tourmenter. Dieu m'est témoin que je ne cherche que votre bonheur ! Je vous ai vue toute petite, alors vous aviez pour moi de l'affection ; en continuant auprès de vous la mission que votre père n'a pu achever, je croyais être mieux compris... La force humaine a des limites ; je me retire, je ne reparaîtrai plus devant vos yeux ; je tâcherai d'oublier le serment que je fis au lit de mort de votre père !

IRÈNE

Un serment !

DUPUY (avec mélancolie)

Celui de veiller sur vous (il se dirige vers la porte).
(Un domestique lui remet un billet qu'il lit vivement.)

IRÈNE

Monsieur Dupuy.

DUPUY

M. Duplessis est dans l'antichambre... il attend un mot de vous, pour vous présenter ses devoirs... Faut-il le congédier ?

IRÈNE

Je suis pleine de respect pour la mémoire de mon père ; si je vous ai offensé, je le regrette de tout mon cœur, et s'il ne faut que recevoir monsieur Duplessis pour vous prouver que je ne sais pas être ingrate...

DUPUY (joyeux)

Vous consentez ?

IRÈNE

A le recevoir, rien de plus.

DUPUY

Je vous remercie, mon enfant (il sort)

SCÈNE II

IRÈNE (seule)

Mais d'où provient cette insistance incompréhensible ? Quelque chose me dit que cet homme est de mauvaise foi; que sous cette enveloppe d'ami se dérobe une âme vénale, sous cette piété profonde un esprit hypocrite et corrompu. O mon Dieu ! qui pourra éclairer ma marche à travers les obscurités et les mensonges qui entourent mon chemin ? Moi, épouser monsieur Duplessis ! oh non ! non ! quelle différence entre lui et ce bon monsieur Léo. Quel esprit d'élite, quel cœur délicat... aussi n'a-t-il pas le don de plaire à M. Dupuy ; tous mes amis sont les ennemis de cet homme.

SCÈNE III

IRÈNE, DUPLESSIS

DUPLESSIS

Heureux qui peut vous voir, Madame ; je me suis présenté plusieurs fois chez vous, et j'ai eu la douleur de ne pouvoir vous saluer.

IRÈNE

Monsieur, vous me pardonnerez si je vais droit

au sujet qui vous amène chez moi ; je ne sais pas feindre.

DUPLESSIS

On m'a averti, madame, de la droiture de votre esprit et de la franchise de votre caractère.

IRÈNE

Alors, monsieur, puisque vous me connaissez un peu, vous ne serez pas surpris que je me permette de vous adresser une question ?

(Elle désigne un siège à Duplessis et en prend un elle-même.

DUPLESSIS

Une question ? mais comment donc ? vous pouvez m'en adresser trente si vous le désirez, madame, et rien ne vous donnera une idée du plaisir que j'éprouverai à vous répondre.

IRÈNE

Je ne serai pas indiscrète et vous demanderai seulement, monsieur, pourquoi vous désirez m'épouser ?

DUPLESSIS

Pourquoi... je désire...

IRÈNE

M'épouser !

DUPLESSIS

Mais, madame, la réponse que vous me demandez est facile... très facile à faire...

IRÈNE

Je l'attends, monsieur.

DUPLESSIS

Je désire être uni à vous, madame, parce que... parce que je vous aime.

IRÈNE

C'est une réponse en effet, monsieur, mais oserai-je vous demander de quelle nature est le sentiment que vous dites éprouver pour moi... Il y a tant de genres d'amour... vous avez deux fois mon âge, et...

DUPLESSIS

N'achevez pas, madame, j'ai pour vous aimer un cœur de vingt ans.

IRÈNE

Ne croyez pas que je veuille railler une situation qui me semble très grave, et répondez-moi : Croyez-vous que je puisse vous aimer à mon tour avec la même abnégation, je dirai avec le même courage !

DUPLESSIS

Pourquoi pas, madame ; je ne vous demande aujourd'hui qu'un peu de sympathie... et j'espère que plus tard cette sympathie deviendra un sentiment plus doux.

(Irène reste silencieuse et pensive.)

(Duplessis se lève et s'approche d'elle.)

Vous êtes toute songeuse ; croyez-vous qu'il ait neigé dans mon cœur comme il a neigé sur mon front ? daignez me répondre, madame.

IRÈNE

Pardonnez-moi, monsieur ; vos paroles viennent d'évoquer des souvenirs très douloureux, et je vous saurai gré de remettre à plus tard la suite de cet entretien.

DUPLESSIS

Puis-je emporter en vous quittant, madame, la pensée que je ne vous ai pas trop déplu ?

(Irène s'incline froidement.)

(Duplessis insistant.)

Comment dois-je interpréter votre silence... qui ne dit mot...

IRÈNE (vivement.)

Ne consent pas toujours, monsieur.

(Duplessis sort.)

SCÈNE IV

IRÈNE (seule.)

Comme l'autre ! c'est absolument le langage de feu M. de Chateauneuf. Oh ! ma vie a été assez brisée, assez torturée une première fois.. je braverai la volonté de ma mère, car j'ai acquis chèrement le droit de disposer de mon sort.

SCÈNE V

IRÈNE, DE CLAIRVAUX

(Un domestique annonçant : M. Aristide de Clairvaux.)

DE CLAIRVAUX

Madame, j'ai bien l'honneur de vous présenter mes hommages.

IRÈNE (désignant un fauteuil)

Monsieur.

DE CLAIRVAUX

Voilà longtemps, madame, que je n'ai eu l'avantage de vous voir. Il faut mettre cela sur le compte de mon étude, qui m'occupe beaucoup depuis quelques mois.

IRÈNE

Je suis heureuse, monsieur, que vos affaires grandissent ; je ne sais rien de plus digne que la récompense accordée au travail d'un honnête homme.

DE CLAIRVAUX

Je vous remercie de ces paroles, madame, et j'y

puise un encouragement pour vous prier de m'accorder un instant toute votre indulgente attention.

IRÈNE

S'agit-il de quelque chose de grave ?

DE CLAIRVAUX

Je le crois.

IRÈNE (souriante)

Je vous écoute, monsieur.

DE CLAIRVAUX

Vous souriez, madame.

IRÈNE

Je vous en demande bien pardon, mais imaginez-vous que c'est la troisième fois aujourd'hui que l'on m'entretient d'affaires de cette nature.

DE CLAIRVAUX

Dois-je hésiter ?

IRÈNE

Pas le moins du monde ; je vous prête selon votre

désir, toute mon attention, et je vous accorde toute mon indulgence.

DE CLAIRVAUX

Madame, je suis le mandataire d'un ami, d'un poète plein d'esprit et de cœur qui, n'ayant plus de père, m'a chargé de le remplacer auprès de vous.

IRÈNE

Ah! très bien.

DE CLAIRVAUX

Qui dit poète, dit pauvre, n'est-ce pas, madame? les muses sont ingrates pour leurs nourrissons! Contrairement à ce principe, mon ami dispose d'une fortune assez grande et d'un cœur assez noble pour oser élever ses prétentions jusqu'à vous.

IRÈNE

Puis-je savoir, Monsieur, le nom de la personne qui daigne s'occuper de moi?

DE CLAIRVAUX

Son nom, madame, c'est celui qu'un monde choisi salue d'un regard d'estime; c'est le nom d'un jeune écrivain qui deviendra peut-être célèbre si vous voulez accepter la moitié de sa vie... c'est M.-Léo Duval.

(Irène fait un mouvement.)

SCÉNE VI

LES MÊMES, PLUS Mme DU FRESNEL

Mme DU FRESNEL

J'étais dans ce cabinet, Monsieur, et j'ai tout entendu... je suis madame du Fresnel.

DE CLAIRVAUX

Un beau titre que celui de mère, madame, mais un titre qui impose de grands devoirs.

Mme DU FRESNEL

Prétendez-vous dire, monsieur le notaire, que je ne remplis pas les miens?

DE CLAIRVAUX

Ce serait vous calomnier, madame; les devoirs de notre profession nous mettent parfois en face de ces mères égoïstes, qui sacrifient à leurs idées les enfants que Dieu leur a donné, mais vous n'êtes pas de ces mères-là, madame.

IRÈNE

Enfin, ma mère, puisque vous avez entendu ce que M. de Clairvaux vient de me dire, je vous prie de me faire savoir si vous devez répondre pour moi.

Mme DU FRESNEL

Irène, vous me manquez de respect. Ah! monsieur Dupuy a bien raison!... Dieu du ciel! c'est lui!...

SCÈNE VII

LES MÊMES, PLUS DUPUY

Mme DU FRESNEL

Accourez vite, mon vieil ami, vous qui marchez si saintement au milieu de ce monde corrompu.

DUPUY

Bien heureux si vous avez besoin de moi.

DE CLAIRVAUX

Comment, c'est là monsieur Dupuy!

IRÈNE

Le connaîtriez-vous?

DE CLAIRVAUX

J'ai beaucoup entendu parler de ses œuvres de charité; M. Dupuy est un philanthrope.

Mme DU FRESNEL (à Dupuy)

Puisque monsieur vous connaît et vous rend la justice qui vous est due, il écoutera peut-être les conseils que vous allez lui donner.

DE CLAIRVAUX

Ah! pardon, madame, je rends hommage à ce brave monsieur Dupuy, mais j'ai la faiblesse de tenir à mes opinions.

DUPUY

Mais enfin de quoi s'agit-il, voyons, nous allons concilier tout cela.

Mme DU FRESNEL

Monsieur vient de demander madame de Chateauneuf en mariage pour un de ses amis, pour M. Léo Duval.

DUPUY

Ce n'est pas possible!... il y a positivement erreur.

Mme DU FRESNEL

Rien n'est plus vrai, et de plus, ce qui va vous paraître tout à fait inconcevable, il s'adresse à ma fille pour lui demander sa propre main.

DUPUY

Oh! mais cela ne se fait pas... mais cela ne s'est jamais fait! Il y a la mère, monsieur... il y a la mère, qui compte pour quelque chose.

DE CLAIRVAUX

J'ai voulu, avant de procéder à la demande officielle, m'enquérir des sentiments de madame de Chateauneuf.

DUPUY

Mais cela est immoral!

Mme DU FRESNEL

Ce n'est pas moi qui le dis.

DE CLAIRVAUX

Oh ! c'est absolument la même chose, madame, puisque monsieur Dupuy se fait l'éloquent interprète de vos paroles ; j'accepte donc avec humilité le reproche que vous m'infligez... mais puisque la faute est commise.

Mme DU FRESNEL

Monsieur le notaire !

DE CLAIRVAUX

Puisque le mal est irréparable enfin... permettez-moi de savoir de madame de Chateauneuf si je puis demander sa main à madame du Fresnel pour M. Léo Duval, mon ami.

Mme DU FRESNEL

Monsieur, ma fille ne peut répondre que par son silence.

(Irène fait un mouvement.)

DUPUY (bas à madame du Fresnel)

Quelle audace, un petit écrivain de rien du tout.

IRÈNE

Vous vous trompez, ma mère, le silence serait

une impolitesse envers monsieur de Clairvaux, que j'estime, et envers monsieur Léo Duval, qui est un homme de talent.

DE CLAIRVAUX

Merci, madame.

Mme DU FRESNEL

Un homme de talent, sifflé avec enthousiasme, ma fille.

DUPUY

Calmez-vous, ma bonne amie, madame de Chateauneuf sait ce qu'elle doit à sa famille.

DE CLAIRVAUX (à Irène)

Daignez me faire connaître votre réponse.

IRÈNE

Eh bien! monsieur, je ne mets aucun empêchement à l'accomplissement de votre mission.

Mme DU FRESNEL (avec emportement)

Ma fille est folle, monsieur, je ne consentirai jamais.

DUPUY

Jamais! jamais! (à part) Il me ferait manquer la plus belle affaire de ma vie, ce malheureux.

DE CLAIRVAUX (à madame du Fresnel)

Madame, j'aurai l'honneur de me présenter demain chez vous.

Mme DU FRESNEL

Je vous dis que toute démarche sera inutile.

DE CLAIRVAUX

Je connais les devoirs de ma profession; (avec ironie.) je vous laisse avec ce bon monsieur Dupuy et demain je viendrai vous offrir mes respects. (il s'incline et sort.)

SCÈNE VIII

LES MÊMES, MOINS DE CLAIRVAUX

Mme DU FRESNEL

L'insolent.

(Irène va reprendre sa broderie.)

DUPUY

Un petit notaire.

Mme DU FRESNEL

Cela ne s'est jamais vu.

DUPUY

C'est le bouleversement du renversement... (à part) Ah! le scélérat!

Mme DU FRESNEL

Et vous, ma fille, je vous laisse à vos méditations; je compte sur les sentiments sacrés de la famille pour vous faire prendre une décision conforme à votre dignité; venez, mon ami.

SCÈNE IX

IRÈNE (seule.)

Une décision conforme à ma dignité, voilà de grands mots... allons, j'entrevois un rayon de soleil qui perce l'obscurité de mon existence. Léo m'aime! je m'en étais bien doutée un peu, et cependant je n'osais croire à l'étendue de mon bonheur. Oh! je sens bien que mon âme est à ce jeune poète ! Pourquoi ma mère s'oppose-t-elle à la réalisation de ce beau rêve ? Parce que monsieur Dupuy est là qui la domine! Mais quel rôle remplit donc cet homme, qui m'est odieux.

Aimer, être aimée... c'est là le vrai pays du bonheur; et je ne l'ai jamais connu. Faut-il que je renonce à ces espérances nouvelles qui font trembler mon être ? Faut-il que, fille obéissante et docile, je brise de nouveau mon cœur, que je refuse l'amour qui vient s'offrir à moi, pauvre délaissée. (Elle pleure.)

SCÈNE X

IRÈNE, LÉO

LÉO

Pardonnez-moi d'être venu... Il m'était impossible de ne pas vous voir... Il m'a semblé que vos paroles, que m'a répétées M. de Clairvaux, contenaient pour moi un peu d'espérance, et j'ai vaincu votre domestique qui me refusait votre porte.

IRÈNE

On ne voulait pas vous laisser entrer ?

LÉO

Par ordre de madame votre mère!

IRÈNE

Et ces choses se passent chez moi. (Elle tend la main à Léo.) Plus que jamais j'ai besoin d'un cœur aimant et dévoué. J'ai beaucoup souffert et beaucoup pleuré, monsieur Léo.

LÉO

Ainsi ce rêve que je caresse n'est pas une chimère qu'un souffle va faire évanouir. Irène... Madame... vous consentez à m'aimer un peu pour toute l'adoration que je vous ai vouée.

IRÈNE

Je vous estime et je vous aime, Léo, parce que vous êtes un homme d'honneur.

Fin du deuxième Acte

ACTE III

Mme du Fresnel est assise sur une causeuse. — Dupuy est en face d'elle.

SCÈNE PREMIÈRE

Mme DU FRESNEL, DUPUY

DUPUY

Vous n'avez aucune fortune et ne possédez absolument que les douze mille francs de rente que vous accorde madame de Chateauneuf, est-ce bien cela ?

Mme DU FRESNEL

Hélas !

DUPUY

Or, vous habitez l'hôtel de madame de Chateauneuf, vous aidez cette dernière de votre expérience, vous commandez ici en maîtresse absolue, vous avez des équipages et des laquais, vous jouissez enfin de tous les privilèges attachés à la richesse !

Mme DU FRESNEL

Vous avez toujours raison.

DUPUY

Si Irène épouse monsieur Duplessis vous conservez cette haute position sociale ; si elle devient la femme de cet artiste, que la pitié me défend de qualifier, vous êtes reléguée au deuxième rang, que dis-je, au troisième, au quatrième, vous êtes effacée, éclipsée, vous disparaissez !... tout est là ! Vous comprenez, ma chère madame du Fresnel, combien mes services sont désintéressés. J'accomplis une mission, moi, et voilà tout !

Mme DU FRESNEL

Je le sais, mon vénérable ami, je le sais, et je vous en remercie du plus profond de mon cœur.

DUPUY

Maintenant, mon rôle est fini. Le vôtre commence ; j'ai fait ce que j'ai pu, faites ce que vous devez.

Mme DU FRESNEL

J'ai supplié Irène de suivre les conseils que ma

vieille expérience lui donnait, j'ai parlé en amie et j'ai parlé en mère ; je crois avoir réussi.

DUPUY

Ainsi vous croyez qu'elle ne songe pas à cet.. infime écrivain ?

Mme DU FRESNEL

Ma fille a été muette sur ce sujet, mais j'ai longuement plaidé la cause de M. Duplessis, j'ai établi entre cet homme sérieux et ce pauvre poète une comparaison toute à l'avantage du premier.

DUPUY

Et Irène ?

Mme DU FRESNEL

N'a pas soufflé mot.

DUPUY

Commencerait-elle à être vaincue ?

Mme DU FRESNEL

J'en suis presque sûre.

DUPUY

Si cela est, que le ciel en soit béni, mon amie; car le bonheur de votre fille dépend de sa docilité.

Mme DU FRESNEL

Si nous réussissons à la rendre heureuse, vous aurez droit, mon vénérable ami, à toute notre reconnaissance.

DUPUY (avec componction.)

J'aurais fait mon devoir, rien de plus, et la providence aura exaucé mon vœu le plus cher.

UN DOMESTIQUE

Monsieur Duplessis, prie Madame de lui faire l'honneur de le recevoir.

DUPUY

Faites entrer.

SCÈNE II

LES MÊMES, DUPLESSIS

Mme DU FRESNEL

Approchez donc, mon gendre...

DUPLESSIS (s'inclinant.)

Il se pourrait !

Mme DU FRESNEL

Je crois que nous avons gagné du terrain... maintenant le reste vous regarde un peu.

DUPUY

Je ne dois pas donner de conseils à l'honorable M. Duplessis, mais à sa place je battrai le fer tant qu'il est chaud. Madame de Chateauneuf est un esprit tout imprégné de romantisme ; je me sacrifierai jusqu'à.... jusqu'à devenir romantique...

DUPLESSIS (gaiement)

On tâchera.

Mme DU FRESNEL

Si vous saviez avec quelle grandeur d'âme le cher M. Dupuy a plaidé votre cause.

DUPUY

Madame du Fresnel aura pris la meilleure part au succès.

DUPLESSIS

Je ne l'oublierai pas, mes amis, je vous jure que je ne l'oublierai pas.

DUPLESSIS (bas à Mme du Fresnel)

Et il est homme d'honneur.

Mme DU FRESNEL (même jeu)

Je vais envoyer Irène.
(Elle s'incline devant Duplessis.)

A bientôt, Monsieur; à bientôt, mon gendre.
(Elle sort.)

SCÈNE III

DUPUY, DUPLESSIS

DUPUY

Madame de Chateauneuf va venir. Je disparais un instant; à vous de vaincre les derniers scrupules, j'ai fait ce que j'ai pu.

(Il sort)

SCÈNE IV

DUPLESSIS (seul)

La chose me paraît assez avancée, et ce diable de Dupuy a vaincu toutes les résistances. C'est lui qui a tout fait. J'étais à cent mille lieues du mariage lorsqu'il a fait miroiter à mes yeux une dot princière ! un million !

Que d'opérations splendides on peut faire avec le prestige de ce mot : millionnaire ! ajoutons que ma fortune n'est pas à dédaigner et qu'elle se chiffre par un total fort raisonnable ! Allons, avec l'aide de ce mariage nous pourrons devenir aussi un des Dieux de la finance moderne, un Rothschild peut-être ?

SCÈNE V

IRÈNE, DUPLESSIS

DUPLESSIS

Madame, je vous présente tous mes vœux.

IRÈNE

Pour la deuxième fois, Monsieur, je consens à vous accorder un moment d'entretien.

DUPLESSIS

Cette froideur...

IRÈNE

Vous la comprendrez tout à l'heure.

(Elle désigne un siège à Duplessis et en prend un elle-même.)

DUPLESSIS (à part)

Que me disait donc ce brave Dupuy.

IRÈNE

Monsieur, j'ai réfléchi à la demande que vous avez daigné faire à madame du Fresnel, ma mère.

DUPLESSIS

Je suspends les mouvements de mon cœur pour mieux vous écouter.

IRÈNE

Et si vous éprouvez pour moi les sentiments que vous m'avez découverts, je vais à coup sûr vous affliger.

DUPLESSIS

Madame...

IRÈNE

Je ne puis consentir, Monsieur, à devenir votre femme.

DUPLESSIS

Que dites-vous, madame ; vous déchirez sans pitié le cœur d'un honnête homme.

IRÈNE

Pardonnez-moi, car à cet honnête homme, j'ai besoin de demander un service... Monsieur, j'aime et je respecte ma mère, dont je redoute parfois le caractère impérieux... je voudrais...

DUPLESSIS

Vous voudriez...

IRÈNE

Que le refus ne vînt pas de moi !... Le cœur d'une femme est parfois semé de mystères... qu'une mère ne comprend pas toujours... vous me devinez peut-être ?

DUPLESSIS

J'y mets tous mes efforts, madame ; qui n'a pas eu ses heures de mystère et de souffrance ?

IRÈNE

Vous avez souffert, Monsieur ?

DUPLESSIS

Un peu.

IRÈNE

Alors vous me comprendrez... mon cœur ne m'appartient pas.

DUPLESSIS

Un rêve semé d'étoiles d'or sur fond d'azur... je connais cela.

IRÈNE

Monsieur !

DUPLESSIS

Et je serai un mari indulgent, ne demandant pas

à sa femme plus qu'elle ne peut lui donner, fermant les yeux sur le passé, c'est bien cela, n'est-ce pas ?

IRÈNE

Oh ! mon Dieu ! mon Dieu !

DUPLESSIS

Il est donc inutile de vous désoler pour si peu, madame, ces choses-là sont aujourd'hui fort bien reçues... ne connaissez-vous pas d'ailleurs ce proverbe exact : péché caché est à moitié pardonné.

IRÈNE

Monsieur, vous insultez une femme sans défense.

DUPLESSIS (étonné)

Moi, vous insulter, Madame, mais je vous jure !...

IRÈNE

Ne jurez pas, Monsieur, je ne crois plus en votre honneur ; vous m'inspiriez de l'estime... et vous méritez le mépris !

DUPLESSIS (à part)

Elle devient folle ; (haut) je ne comprends rien à la situation qui m'est faite.

IRÈNE

Et moi, Monsieur, je ne m'abaisserai pas jusqu'à vous pour l'expliquer.

DUPLESSIS

Mais enfin, j'ai le droit d'obtenir une réponse.

IRÈNE

A un honnête homme j'eusse dit : Monsieur, je n'ai jamais manqué à mes devoirs, et j'ai la conscience pure devant Dieu et devant les hommes, mais mon cœur s'est donné tout entier, sans faiblesse et sans défaillance !

DUPLESSIS

Et à moi, qui ne suis pas un honnête homme, c'est convenu ?

IRÈNE

A vous, Monsieur, je vous dis seulement de sortir.

DUPLESSIS

Vous me chassez...

SCÈNE VI

LES MÊMES, plus DUPUY

DUPUY (entrant brusquement)

Tiens, cet excellent monsieur Duplessis, comment vous portez-vous, cher ami ?...

DUPLESSIS

Ah ! vous me chassez !

DUPUY

On... vous... chasse... allons donc, il y a erreur ; (à Irène) n'est-ce pas, mon enfant, qu'il y a erreur !

(Irène s'incline et sort)

SCÈNE VII

DUPLESSIS, DUPUY

DUPLESSIS

Ah çà ! mon cher Dupuy, parlons raison... cette femme est folle !

DUPUY

Oh! par exemple... un peu d'excentricité dans le caractère... de romantisme dans l'esprit... un parti d'or, mon cher, un parti d'or.

DUPLESSIS

Eh pardieu ! je le sais bien... mais ceci n'excuse pas...

DUPUY

Un mouvement de vivacité...

DUPLESSIS

Ah bien oui !..., mes compliments à madame du Fresnel sur l'éducation qu'elle a fait donner à sa fille.

DUPUY

Mais que s'est-il donc passé ?

DUPLESSIS

Une extravagante qui m'avoue une foule de ces petites énormités dont la vie d'une femme est semée : je me montre complaisant et je passe l'éponge sur ces coups de canifs anticipés... je crois que l'on va me sauter au cou... voyons, il me semble que je le méritais bien, allons donc ! c'est le contraire qui a lieu, je suis un être méprisable et méprisé, et v'lan ! on me désigne la porte !

SCÈNE VIII

LES MÊMES, plus Mme DU FRESNEL

Mme DU FRESNEL

Je suis outrée de la conduite de ma fille, qu'elle-même vient de me faire connaître. Messieurs, cela ne se passera pas ainsi, je vous le jure.

DUPUY

Sans doute, vous ferez voir jusqu'où peut aller l'autorité d'une mère qui place le bonheur de sa fille au-dessus de toutes les considérations humaines.

Mme DU FRESNEL

J'espère, monsieur Duplessis, que vous ne retirez pas une parole donnée ?

DUPLESSIS

Je vous appartiens, Madame.

Mme DU FRESNEL

Alors tout est sauvé. Je ne vous demande qu'un peu de patience... et je vous promets un résultat satisfaisant... Je vais annoncer à ma fille ma résolution de l'abandonner si elle résiste à mes ordres.

(Elle va pour sortir par la porte de gauche, et se trouve face à face avec Irène.)

SCÈNE IX

LES MÊMES, plus IRÈNE

Mme DU FRESNEL

Vous, ma fille !

IRÈNE

Moi-même, informée de l'arrivée de mes amis, je viens les recevoir, comme vous recevez les vôtres, ma mère.

(Un domestique annonçant : M. Aristide de Clairvaux. — M. Léo Duval.)

DUPUY

Ça se complique beaucoup.

SCÈNE X

LES MÊMES, plus DE CLAIRVAUX et LÉO DUVAL

Mme DU FRESNEL (à de Clairvaux)

Il me semble, Monsieur, que je vous avais annoncé ma résolution !

DE CLAIRVAUX

Madame, j'ai l'honneur de vous demander pour mon ami, M. Léo Duval, ici présent, la main de madame Irène de Chateauneuf, née du Fresnel, votre fille.

DUPUY

Monsieur, ce sont des paroles inutiles que vous prononcez.

DE CLAIRVAUX

Qui le sait, Monsieur ?

LÉO (à Mme du Fresnel)

Oserai-je vous supplier, Madame, d'agréer favorablement les vœux que je forme ?

Mme DU FRESNEL

M. Dupuy, le vieil ami de la famille, vient de résumer en peu de mots la situation : on prononce ici des paroles inutiles.

DE CLAIRVAUX

Peut-être que le loyal, l'honnête monsieur Dupuy préférerait entendre rapporter un des actes de sa haute philanthropie !

DUPUY

Monsieur, trêve de raillerie.

DE CLAIRVAUX

Je vais vous raconter celui qui fait l'ornement de sa vaillante existence et pour lequel il n'a pourtant pas obtenu le prix Montyon.

DUPUY

La patience humaine a des bornes !

DE CLAIRVAUX

Pas pour vous, mon cher monsieur Dupuy, et saurai-je blesser cent fois plus votre modestie, je ne saurais me taire plus longtemps : les œuvres que vous accomplissez dans l'ombre méritent d'être présentées au grand jour.

Mme DU FRESNEL

Nous connaissons assez monsieur Dupuy pour vous dispenser de nous en faire l'éloge.

DE CLAIRVAUX

Vous me pardonnerez si j'insiste, Madame ; je suis persuadé que vous ne connaissez pas toute la valeur de cette haute philanthropie.

DUPUY (à part)

Mais où veut-il en venir ?

DE CLAIRVAUX (continuant)

Ainsi, Madame, son dévouement à votre famille par exemple lui a fait choisir pour époux à votre fille un homme dont j'ai entendu faire l'éloge, l'honorable M. Duplessis.

DUPLESSIS

Monsieur !

DE CLAIRVAUX

Un vieillard qui n'a que le cruel défaut, le tort impardonnable d'avoir deux fois l'âge de madame de Chateauneuf.

Mme DU FRESNEL

C'est intolérable !

DUPLESSIS

Monsieur, le bois sec brûle mieux que le bois vert.

DE CLAIRVAUX

Je ne prétends pas le contraire... mais il se consume si vite qu'il faut le renouveler trop souvent.

Mme DU FRESNEL

Je vous préviens, Monsieur, que si vous ne vous retirez pas de bonne volonté, j'appelle mes gens.

IRÈNE

Vous oubliez, ma mère, que seule j'ai le droit de donner des ordres chez moi.

Mme DU FRESNEL

Irène ! vous mériteriez...

DE CLAIRVAUX

Achevons promptement la comédie qui se joue ici. Bas le masque, Dupuy... j'ai voulu vous épargner une humiliation cruelle, vous ne l'avez pas voulu, eh bien ! soit, vous subirez la peine que vous méritez.

DUPUY

Vous m'offensez.

DE CLAIRVAUX

Est-ce qu'on peut offenser M. Dupuy ? allons donc ! Tenez, madame, vous qui obéissez fatalement aux perfides insinuations de cet homme, demandez-lui à combien s'élève la somme qui doit lui être comptée si votre fille épouse M. Duplessis !

DUPUY

Calomnie, mensonge !

DUPLESSIS (à part)

Le bout de l'oreille !

Mme DU FRESNEL

C'est odieux ! je ne reste pas une minute de plus dans cette affreuse maison.

DE CLAIRVAUX

Mensonge et calomnie, dites-vous... regardez donc cet ami fidèle qui pâlit encore sous son teint de cadavre ! Ah ! vous ne croyez pas à mes paroles et vous avez besoin de preuves irréfutables, eh bien ! des preuves, Madame, en voilà.

(Il montre un papier qu'il vient de sortir
de son portefeuille.)

IRÈNE

Oh ! mes pressentiments ne me trompaient pas.

DE CLAIRVAUX (lisant)

« Je déclare avoir reçu de M. Chateauneuf la
« somme de quarante mille francs.

« Cette somme m'a été attribuée en retour des
« peines et soins que j'ai pris relativement à son
« mariage avec Mlle Irène du Fresnel.

« Paris, le 18 avril 1870.

« *Signé :* DUPUY. »

DUPUY

Monsieur, ce papier est faux, je proteste et... je jure !

Mme DU FRESNEL

Je suis atterrée par cette lecture.

IRÈNE

Et moi je me tais, ma mère !

DE CLAIRVAUX (présentant le papier)

Oh ! vous pouvez tous lire ce reçu... il est parfaitement en règle. D'ailleurs si le moindre doute subsistait encore, j'ai d'autres preuves, des lettres de ce bon M. Dupuy par exemple !

DUPUY

C'est infâme ! infâme !

DE CLAIRVAUX (tirant un nouveau papier de son portefeuille)

Tenez, voici la première, elle est adressée à M. de Chateauneuf et porte le timbre de la poste, daignez m'écouter...

« Cher Monsieur,

« J'ai vaincu toutes les résistances d'Irène. Le
« mariage aura lieu. Madame du Fresnel m'a puis-
« samment secondée dans cette entreprise difficile,
« et j'ai dû lui promettre certains avantages...»

IRÈNE

Monsieur de Clairvaux, vous êtes un galant homme ; je vous supplie de cesser cette lecture.

DE CLAIRVAUX

Je vous obéis.

DUPUY

Madame, il y a erreur, je vous assure qu'il y a erreur.

DE CLAIRVAUX (il remet les papiers dans son portefeuille)

M. de Chateauneuf était un homme prudent, et son notaire, dont je suis le successeur, possédait ces petits papiers dont l'existence est aujourd'hui si précieuse.

Mme DU FRESNEL (à Irène)

Irène, je vous jure sur la mémoire de votre père que j'ai été indignement trompée par cet homme.
(elle désigne Dupuy).

DE CLAIRVAUX

Permettez-moi de renouveler la demande que j'ai eu l'honneur de vous adresser il y a un instant.

Mme DU FRESNEL

J'ai été une mère ambitieuse et j'ai beaucoup à me faire pardonner (elle tend la main à Léo) ; que M. Léo Duval soit le bienvenu dans ma famille.

IRÈNE

Je retrouve donc une mère.

DUPLESSIS (à Dupuy)

Nous n'avons plus rien à faire ici.

DUPUY (à Mme du Fresnel)

Madame, vous oubliez quarante années de dévouement.

Mme DU FRESNEL

Il serait trop pénible de s'en souvenir... sortez, monsieur (elle montre la porte).

DUPUY (prenant le bras de Duplessis)

Travaillez donc au bonheur de l'humanité.

Fin du troisième et dernier Acte.

12-14 Janvier 1875.

MAISON A LOUER

Comédie en un Acte, en Prose

REPRÉSENTÉE POUR LA PREMIÈRE FOIS

SUR LE THÉATRE NATIONAL LE 2 FÉVRIER 1873

PERSONNAGES :

La Ctesse MARTHE D'HÉRICOURT.   Mlle JEANNE B.
Le poète RAPHAEL DE PRISSAC. .   MM. DELIGNY.
PIERRE, domestique . . . .   MAZA.

Un grand salon, canapés, fauteuils, glaces, piano, etc. — A gauche, le portrait d'un capitaine de navire. — Dans un angle, sur une étagère, un vase de Chine, cassé. — Porte au fond. — A gauche, au premier plan, une causeuse et un guéridon.

La scène se passe en Normandie, dans les environs de Domfront.

MAISON A LOUER

SCÈNE PREMIÈRE

PIERRE, MARTHE

Marthe est assise devant le guéridon, Pierre, debout devant l'étagère, essaie de réparer le vase de Chine.

MARTHE

Décidément, Pierre, vous avez fait là un beau chef-d'œuvre. Je tenais à conserver précieusement ce vase de Chine : (avec un soupir) il me vient, vous le savez, du capitaine d'Héricourt.

PIERRE

C'est vrai, madame, et je regrette vivement cet

accident ; mais je ne désespère pas de le réparer. Voici les morceaux rejoints, grâce à l'emploi de cette préparation.

MARTHE

Pauvre Capitaine !... C'était le dernier voyage qu'il devait faire. Il était âgé, souffreteux, il rapporta de la Chine les germes de la maladie qui devait l'enlever si promptement !... (On entend un coup de sonnette.) On sonne ! C'est à cause de ce maudit écriteau que je vous avais prié de faire disparaître... Je ne veux recevoir personne. Je partirai la semaine prochaine pour Paris... On visitera la maison tant qu'on voudra en mon absence. (On sonne de nouveau). Mais, grand Dieu, qui peut sonner avec cette persistance ? Allez vous informer, Pierre.

(Pierre sort.)

SCÈNE II

MARTHE

Oh ! ils sont agaçants avec leurs visites domiciliaires... Ils promènent partout des regards curieux... Toute une famille vous arrive et vient inspecter votre maison. Le salon est trop petit, le jardin est trop grand, la serre n'est pas assez belle, le prix est trop élevé, que sais-je, moi ? Tous ces gens-là se reposent chez vous des heures entières ! Je ne recevrai plus ! c'est bien décidé !... Pauvre grande maison ! Il me semble que je ne devrais pas la quitter ainsi ; j'ai l'air de la fuir ; elle ne me rappelle cependant que des souvenirs heureux. C'est ici que je connus le comte d'Héricourt, un mari qui fut un père pour moi ! (Petite pause). Des souvenirs heureux ! J'exagère, peut-être... Orpheline, mariée à seize ans à un vieillard, je n'ai point connu les douces émotions de la vie ; tous mes rêves de jeune fille se sont envolés !... Où sont les Princes charmants qui apparaissaient avec des vêtements d'azur et d'aurore ?...

SCÈNE III

MARTHE, PIERRE

PIERRE

Eh bien ! il est entêté ce monsieur !

MARTHE

Ah ! c'est pour la maison, n'est-ce pas ?

PIERRE

Oui, madame.

MARTHE

La semaine prochaine.

PIERRE

C'est bien ce que j'ai dit ; mais, ce monsieur veut à tout prix la visiter. Il prétend que les environs de Domfront sont ravissants, qu'il veut se fixer en Normandie, et que la maison lui plaît.

MARTHE

Voilà une magnifique péroraison. Vous verrez qu'il faudra recevoir ce monsieur, parce que le pays lui convient. C'est affreux, cela ! Voyons, Pierre, dites que la maison est habitée, qu'il est impossible de la visiter !...

PIERRE

J'ai dit tout cela, madame.

MARTHE

Et il persiste ?

PIERRE

Toujours.

MARTHE

C'est trop fort ! (On sonne une troisième fois.) Bon ! voici qu'il sonne de nouveau... Dites-lui qu'il revienne plus tard... demain.

Pierre sort.

SCÈNE IV

MARTHE

Mais c'est de la tyrannie cela ! Dieu, qu'il me tarde de partir ! Ma première visite sera pour mon ancienne amie du couvent, Eve de Prissac. Voilà deux ans que je n'ai eu le bonheur de la voir ; et dire que nous nous étions promises de ne jamais nous quitter !... Ah ! la vie est étrange ! Que de choses se sont passées depuis !... Eve doit avoir près de vingt ans. Cela me vieillit : j'ai au moins trois ans de plus qu'elle. Sa dernière lettre me parle de son frère, pour lequel elle éprouve la plus grande tendresse ; un poète distingué, d'ailleurs... Où donc est le charmant volume que j'ai reçu de Paris, et qui porte le nom du jeune écrivain ?... (elle ouvre un tiroir du guéridon et en retire un volume). Le voici : *les Rayonnements*, par Raphaël de Prissac. Quelle grande chose que la poésie! comme l'esprit doit se délasser dans ces voyages dans l'azur ! Etre poète, refléter en son âme toutes les splendeurs de la Création ; contenir en son cœur l'espérance, l'amour, ces deux phares de la vie humaine ; marcher au milieu de la foule et la dominer ; avoir un nom qui fait rêver, un génie qui s'impose, une gloire immortelle !... Oh ! que c'est beau ! Etre la compagne d'un poète est une faveur divine : songer que l'on occupe une place dans un grand cœur tout épris de beautés mystérieuses ; être aimée par un de ces génies au front serein ; se sentir toute petite à côté de sa grandeur, et se dire : il a besoin de moi, je suis nécessaire à sa vie, je suis le complément de son bonheur ! Oh ! c'est là un rêve, mais il est enivrant ! (Elle pose le livre sur le guéridon.

SCÈNE V

MARTHE, PIERRE

PIERRE (un billet à la main)

Ma foi, madame, je renonce à faire entendre raison

à ce monsieur. J'ai ouvert la grille, il s'est installé sur un des bancs de l'avenue, et m'a déclaré qu'il attendrait le bon plaisir de madame.

MARTHE

C'est inconcevable !

PIERRE

Tenez, mon garçon, m'a-t-il dit, voici quelques lignes que vous présenterez à votre maîtresse. Dites-lui bien que je ne suis ni vieux ni laid, que j'arrive en droite ligne de Paris pour m'installer sous le ciel bleu de la Normandie.

MARTHE

C'est quelque impudent du boulevard. Voyons ce qu'il écrit. (Elle prend le billet). Tiens ! des vers !... Lisons.

<pre>
     Le printemps sourit, et la brise apporte
           Les plus doux parfums :
     De votre château vous fermez la porte
           Aux vrais importuns...
</pre>

Ce n'est pas mal.

> Voyez, cependant, mon esprit murmure,
>   Et voudrait savoir
> Pourquoi je subis la cruelle injure
>   De ne pas vous voir....

Voici maintenant de la galanterie. Poursuivons.

> Lorsque la nature est hospitalière,
>   Et qu'à tous les pas
> Je trouve un abri parmi la bruyère,
>   Oh ! je ne crois pas
>
> Que, par vos refus, dont le cœur s'attriste
>   Par votre dédain,
> Vous laissiez, madame, un pauvre touriste
>   Vous prier en vain.

Voici le temps des gais troubadours qui reparaît !... Ce monsieur a-t-il une barbe fauve et de longs cheveux blonds ? est-il possesseur d'une guitare, comme les trouvères d'autrefois ?

PIERRE

Mais non, madame, il n'a ni guitare, ni barbe fauve, ni longs cheveux ; il est même vêtu avec élégance et distinction ; il s'exprime bien, et paraît très généreux.

MARTHE

Ah !

PIERRE

Il a voulu me glisser vingt francs dans la main, et je les ai refusés.

MARTHE (Elle lui donne une pièce).

Les voici, Pierre ; acceptez-les de votre maîtresse, et veuillez dire à cet étranger que je l'attends dans ce salon.

PIERRE

J'y cours, madame.

SCÈNE VI

MARTHE

Nous allons vous recevoir, beau chevalier... puisqu'il n'y a pas moyen de faire autrement... et que votre insistance curieuse est rachetée par des vers du dernier goût. (Elle s'assied devant le piano et chante à mi voix).

> Je suis la sœur du papillon,
> La douce rose au pur emblème ;
> Je suis la fleur que chacun aime ;
> Je grandis seule en ce sillon.

Mon parfum est une prière
Qui s'élance aux pieds du Seigneur,
Pour demander avec ferveur
Un jour de plus sur cette terre.*

SCÈNE VII

MARTHE, RAPHAEL

Raphael

La musique fait oublier la terre et songer aux cieux.

Marthe (se levant).

Monsieur.

Raphael (à part).

Qu'elle est belle ! (haut). Oh ! je vous en prie, madame, achevez le chant que vous avez commencé.

MARTHE

Mais, monsieur !... (A part) Le joli garçon !...

---

* Rose et Papillon romance, paroles d'Évariste Carrance, musique de Lodoïs Lataste, a été publiée dans le *Journal du Dimanche* du 13 février 1870, numéro 1283.

RAPHAEL

C'est la prière d'un inconnu, ne la repoussez pas.

MARTHE

Je veux bien... Mais vous conviendrez qu'il est surprenant...

RAPHAEL

De faire l'aumône à un malheureux que le hasard jette sur votre chemin ? non, certes !

SCENE VIII

LES MÊMES, PIERRE

PIERRE

Une pauvre femme se présente à la grille du château.

MARTHE

Qu'elle ne soit pas venue pour rien, Pierre. (Pierre sort).

MARTHE, RAPHAEL

MARTHE

Vous voyez bien que j'ai mes pauvres !

RAPHAEL

Allons, madame, un bienfait n'est, dit-on, jamais perdu.

MARTHE

Je ne me ferai pas prier plus longtemps. (Elle se dirige vers le piano et chante).

>Nul ne sait mon tendre réduit
>Au milieu des herbes fleuries ;
>Seul le papillon des prairies
>Vient me visiter chaque nuit.
>Mais quand l'aurore, avec mystère,
>Apparaît dans l'azur du ciel,
>Moi, je demande à l'Eternel,
>Un jour de plus sur cette terre.

Vous voilà satisfait, monsieur ?

RAPHAEL

Pouvez-vous n'être bonne qu'à demi ?... Cette romance a une troisième strophe.

MARTHE

Ah ! par exemple !

RAPHAEL

Cette bluette est d'un compositeur d'avenir : Lodoïs Lataste.

MARTHE

L'auteur d'une composition très populaire : *Adieu rêves dorés*.

RAPHAEL

Précisément, madame ; j'ai l'honneur d'être l'ami de monsieur Lataste ; daignez achever son œuvre.

MARTHE

Impossible, monsieur ; ma mémoire est ingrate ; j'ai oublié la troisième strophe.

RAPHAEL (il va vers le piano).

Permettez-moi de la chanter, madame.

MARTHE

Oh ! bien volontiers, (à part) Poète et musicien.

RAPHAEL

Le soleil, de ses mille feux,
A dévoré ma robe blanche,
Je mourrai peut-être dimanche ;
Que le papillon soit heureux.

La rose a fini sa carrière ;
Un souffle, expirant sous les bois,
Demandait encore une fois
Un jour de plus sur cette terre.

MARTHE

C'est donc moi qui dois vous remercier, monsieur.

RAPHAEL

Oh ! non, madame... Voici trois semaines que je ne me suis arrêté nulle part. J'ai vécu dans des villages impossibles ; j'ai visité des populations curieuses, et j'ai étudié des mœurs étranges. Le hasard, ce dieu des poètes et des amoureux, me conduit à la porte de votre château ; vous daignez m'y recevoir ; des sons harmonieux retentissent à mon oreille charmée. Je croyais être à mille lieues de la capitale du monde civilisé, et je me retrouve en plein boulevard Saint-Germain. Vous voyez bien, madame, que je ne puis accepter des remerciements que je ne mérite pas.

MARTHE

Enfin, monsieur, donnez-vous la peine de vous reposer un instant, puis j'aurai l'honneur de vous faire visiter le château.

RAPHAEL (Il prend un siège)

Trois semaines loin de Paris ! est-ce possible ? Je vous assure, madame, qu'il me semble que c'est un rêve ; et, cependant, je ne pouvais plus vivre dans cette grande ville où se retrouvent tous les vices, toutes les vertus, tous les talents, toutes les lâchetés. J'avais besoin de respirer un air plus pur. Mon horizon était trop borné. J'ai soif d'inconnu. Puis, madame, vous allez être généreuse jusqu'au bout, et pardonner l'expansion d'un pauvre touriste. Je suis à la recherche du bonheur !

MARTHE

Et vous êtes venu sous le ciel de la Normandie pour le rencontrer, monsieur ? Le bonheur est souvent tout près de nous, et nous allons le chercher bien loin.

RAPHAEL (avec agitation).

C'est vrai ; j'ai laissé le meilleur de moi-même à Paris : ma vieille mère et ma jeune sœur ; ma vie se passe entre ces deux êtres.

MARTHE

Et vous les avez quittés ainsi brusquement, sans songer que votre absence pouvait les affliger ?

RAPHAEL

Mais, je cherche un nid pour abriter les préférées de mon cœur. Je suis parti dans ce but, et je me suis arrêté, comme un enfant, devant toutes les fleurs du chemin.

MARTHE

Vous êtes poète, monsieur, et l'inspiration ne vous fuira pas sous notre ciel. Je désire que mon habitation puisse vous convenir.

RAPHAEL

Elle est admirablement située. Je me suis arrêté tout pensif devant les fraîches clématites qui enlacent la grille dorée du château, et je me suis écrié : Ici est le repos, le travail, le bonheur.

MARTHE

Vrai ?

RAPHAEL

Oui, madame ; et de là mon insistance pour pénétrer chez vous.

MARTHE

Vous allez me permettre de vous quitter un instant, monsieur, Pierre va se mettre à vos ordres ; vous allez faire un petit voyage à traver le château ; puis, à votre retour, nous causerons d'affaires, et vous me direz ce que vous aurez résolu.

RAPHAEL

Comment, vous me quittez madame ; j'espérais...

MARTHE

Pardonnez-moi, monsieur, de ne point vous accompagner, mais, en vérité, je suis d'une faiblesse extrême à l'égard de cette maison ; il me semble que si je visitais encore ces vastes galeries pleines de souvenirs, je n'aurais plus la force de les quitter.

RAPHAEL

Vous avez raison, madame ; nous nous attachons presque sans nous en apercevoir aux pierres qui nous ont abrités, aux arbres que nous avons vu grandir, au coteau que nous avons gravi ; et, lorsque l'heure de la séparation est arrivée, nous comprenons que ces pierres, ces arbres, ces coteaux conservent une partie de notre âme (avec hésitation), la meilleure, quelquefois.

MARTHE

Au revoir, monsieur (elle sort).

SCÈNE IX

RAPHAEL

Au revoir !... Nous reverrons-nous encore ? C'est étrange ! je ne sais ce que j'éprouve. Il me semble que je ne me suis jamais vu ainsi... La délicieuse créature ! Comme son regard est doux et pénétrant ! comme sa voix est pure et fraîche ! (il s'assied et rêve).

SCÈNE X

RAPHAEL, PIERRE

PIERRE

A qui diable parle-t-il ?

RAPHAEL (se croyant seul).

Je sens bien que je n'ai pas laissé toutes mes

illusions aux buissons de l'existence... Et, d'ailleurs, je n'ai jamais aimé, moi ; je n'ai jamais été compris... La grande chose que l'amour ! La belle chose que la jeunesse ! Comme le printemps chante doucement dans le cœur !... Est-ce un rêve que je fais ?... Où donc est-elle cette gracieuse châtelaine, dont la voix ressemble à une céleste musique ?... Que suis-je venu faire ici ?...

PIERRE

Ah ! ça, mais à qui diable parle-t-il ?... et de ma maîtresse encore !... Hum ! hum.

RAPHAEL

Je ne suis pas seul !

PIERRE

Je suis aux ordres de monsieur.

RAPHAEL

Prends cette pièce d'or et réponds-moi.

PIERRE

On ne paye que les indiscrétions, je refuse, et je me tais.

7.

RAPHAEL

Tu dis?

PIERRE

Que je vous prie de me pardonner mon refus, monsieur ; mais que je ne saurais répondre aux questions que vous pourriez m'adresser.

RAPHAEL

C'est bien répondu, mon ami, et je me souviendrai de la leçon... De quel droit irai-je t'interroger sur ta maîtresse ?

PIERRE (avec vénération).

Oh ! quant à madame, monsieur, pensez-en tout le bien possible ; puis, lorsque vous lui aurez accordé toutes les qualités, toutes les vertus, ajoutez qu'il n'existe pas sur la terre un cœur plus noble et plus généreux que le sien.

RAPHAEL (il lui présente un louis).

Ne me refusez pas.

PIERRE

On croirait que vous payez les éloges que je

décerne à ma maîtresse... Que monsieur n'oublie pas que je suis à sa disposition.

RAPHAEL (il regarde le portrait du capitaine).

Ce portrait ?

PIERRE

Le mari de madame.

RAPHAEL (avec émotion)

Elle est mariée ?

PIERRE

Elle est veuve, monsieur.

RAPHAEL

Ah !

PIERRE

Monsieur veut-il commencer sa visite par l'aile droite du château ?

RAPHAEL (à part).

Elle est veuve ! (haut) Je te suis, mon ami.

PIERRE (à part)

Eh bien ! je crois qu'il déménage souvent, ce monsieur.

(Ils sortent).

SCÈNE XI

MARTHE

Il est à la recherche du bonheur (avec un soupir). Je ne comprends pas mon émotion... Que m'importe un inconnu ? Mais celui-là s'exprime si bien, ses manières sont si distinguées !... Je ne sais pourquoi une secrète sympathie m'attire vers cet étranger. (Elle s'assied, prend le livre sur le guéridon). Une mère, une sœur, ce sont les vrais trésors de la vie ; ils ont manqué à la mienne... Comme il a l'air de les aimer ! il les appelle les préférées de son cœur !... Oh ! mais, qu'ai-je donc ? Vraiment, ma pensée se reporte malgré moi vers ce jeune homme... On vit ici dans un isolement si complet. (Elle jette les yeux sur le livre). Les jolis vers !

> Comme la fleur pour éclore
> Attend les baisers du jour,
> Ton jeune cœur qui s'ignore,
> Ma charmante, attend l'amour.

> Comme l'oiseau sur la branche,
> Pour chanter attend le jour,
> Ta voix ravissante et franche,
> Ma mignonne, attend l'amour.
>
> Ainsi que la chrysalide
> Attend les rayons du jour,
> Ton regard clair et limpide,
> Jeune fille, attend l'amour.

Je n'aurais pas dû recevoir ce jeune homme !... Qu'ai-je à craindre ? j'ignore même son nom... Ah ! que la solitude est amère ! Comment ai-je pu vivre ainsi toute seule dans ce château ? Je vais avancer mon départ pour Paris. Oh ! je veux m'éloigner de ces lieux ! Pourquoi me suis-je ensevelie vivante ? Ne suis-je plus jeune ? ne suis-je plus belle ? (Elle se regarde dans une glace) Je crois que je deviens folle ; je crois que j'offense la mémoire du comte d'Héricourt ! (Elle va vers le portrait). Pardonnez-moi, mon ami ; vous avez été un bon époux, un père indulgent ; les jours passés auprès de vous ont été pleins de douceur et de paix. Cette grande maison ne me paraît aussi vide que parce que vous n'êtes pas là, que votre voix ne retentit plus comme naguère, joyeuse et vibrante, que je n'entends plus, sur le perron, votre chien, Tilleul, aboyer pour annoncer votre présence... En quittant votre demeure, capitaine d'Héricourt j'emporte avec moi le souvenir de vos bienfaits ; votre image elle-même me suivra partout, et dans les heures de mélancolie et de souffrance morale, je viendrai, comme aujourd'hui, fixer mon regard sur votre noble visage, chercher à me rappeler vos bons conseils, vos paternelles paroles et me dire que je suis encore digne de vous.

SCÈNE XII

MARTHE, PIERRE

PIERRE

Ma foi, madame, je crois que nous aurions bien fait de refuser la porte à ce monsieur.

MARTHE

Pourquoi donc ?

PIERRE

Dame ! il s'arrête à chaque pas, laisse échapper des exclamations bizarres, fait des questions étranges !

MARTHE

Ah !

PIERRE

Je crois, Madame, que nous avons à faire à un fou.

MARTHE

Il est des fous très raisonnables, Pierre ; où donc avez-vous laissé cet étranger ?

PIERRE

Il contemple les lis du Japon que madame a reçus récemment.

MARTHE

C'est bien. Tenez, Pierre, vous allez enlever le portrait du comte d'Héricourt, et vous aurez soin de rouler la toile avec précaution ; je l'emporte avec moi.

PIERRE

(Il monte sur un siège, détache le portrait. Une lettre tombe sur le parquet),

Tiens ! il y avait une grande lettre derrière le tableau.

MARTHE

Une lettre.

PIERRE (il se baisse et ramasse le pli).

La voici, madame.

MARTHE

Elle est à mon adresse. (Avec émotion) Je reconnais la main qui l'a écrite... Laissez-moi seule un instant, Pierre.

PIERRE

Je vais retrouver mon original.

SCENE XIII

MARTHE

Je suis toute tremblante !... Quel merveilleux hasard !... Ah ! j'ai hâte de connaître le contenu de cette lettre ! Voyons.

(Elle décachète vivement, et lit).

« Mon amie,

» L'heure de la séparation suprême va bientôt sonner : voici que je ne puis presque plus quitter mon fauteuil. Je veux t'écrire quelques lignes, et les confier à mon portrait, que tu consulteras quelquefois sans doute, lorsque je ne vivrai plus que dans ton souvenir.

» Si tu savais, pauvre et chère enfant, combien je te suis reconnaissant des soins que tu me prodigues chaque jour ? Vieillard usé par les fatigues de la vie, j'ai trouvé en toi un ange de douceur et de bonté.

» Ecoute-moi, ma douce Marthe, ton jeune cœur n'a pu s'ouvrir aux chaudes effluves de l'amour, aux chastes caresses du bonheur. Quelques mois, quelques jours à peine te séparent d'une nouvelle vie.

» Je ne serai plus là ; le printemps sourira à ta jeunesse, l'espérance sourira à ton cœur.

» Cette maison te paraîtra triste et sombre, mon souvenir ne suffira plus à tes aspirations... »

(Marthe s'interrompant). Oh ! que dit-il, mon Dieu !...

« Tu aimeras alors, mon enfant; l'amour c'est la loi suprême, tout aime sur la terre, tout aime dans le ciel. Choisis un cœur digne du tien, confie-lui ton avenir ; et, de temps en temps songez à moi tous les deux ; à moi, qui vous bénirai, comme je te bénis, ma bonne Marthe, pour le bonheur que tu répands sur les derniers jours de ma vie.

» Comte d'Héricourt. »

Ah! le noble cœur ! Non, je n'aimerai personne, mon ami ; je garderai le nom que vous m'avez confié. (Elle s'assied rêveuse) Ne plus aimer ! Est-ce possible à mon âge ?...

SCENE XIV

MARTHE, RAPHAEL

RAPHAEL

Est-ce que les fleurs ne s'ouvrent pas à chaque nouvelle aurore ?

MARTHE

Monsieur.

RAPHAEL

Ma foi, madame, pardonnez-moi, car je me reconnais franchement indiscret. Vos dernières paroles m'ont touché. Je me suis souvent recueilli comme vous, et j'ai peut-être répondu à cette heure à ce point d'interrogation qui se plaçait constamment devant ma vie : « Ne plus aimer, est-ce possible à mon âge ? »

MARTHE

Vous avez, sans doute, visité le château, monsieur ?

RAPHAEL

Votre demeure réunit toutes les conditions du bien-être, madame ; elle séduit un pauvre touriste comme moi.

MARTHE

J'en suis enchantée.

RAPHAEL

Mais, avant de causer intérêts, n'est-il pas au moins indispensable que vous connaissiez le nom de votre futur locataire ?

MARTHE

Nous allons échanger nos cartes, voulez-vous ? (elle prend dans une coupe une carte qu'elle présente à Raphaël). Je commence.

RAPHAEL (Il prend la carte et offre la sienne)

C'est une présentation charmante.

MARTHE (lisant)

Raphaël de Prissac!

RAPHAEL (même jeu)

La comtesse Marthe d'Héricourt!

MARTHE (avec une joie d'enfant)

Quoi! monsieur, vous êtes le poète Raphaël, le frère de ma meilleure amie, l'auteur de ce beau livre (elle lui présente le volume), que vous avez appelé *Les Rayonnements* ?

RAPHAEL

Et vous, madame, vous êtes celle dont ma sœur nous entretient chaque jour! Ah! maintenant que j'ai le bonheur de vous connaître, je comprends son amitié pour vous.

MARTHE

Ah! monsieur Raphaël, c'est guidée par cette amitié que je m'éloigne de ce château ; je veux me rapprocher de votre mère et de votre sœur, oublier un peu ma solitude.

RAPHAEL

Que ne cherchez-vous à l'embellir ? Elle vous plairait davantage. Ah ! madame, je cherche un nid pour abriter ma famille, où trouverai-je celui qui abritera mon cœur ?

SCENE XV

LES MÊMES, PIERRE

PIERRE

Encore un visiteur pour le château ; je vais le congédier.

MARTHE

Allez, Pierre.

(Pierre sort).

SCENE XVI

MARTHE, RAPHAEL

MARTHE

Je suis heureuse de vous recevoir, monsieur

Raphaël, et votre présence me fait désirer ardemment celle de mon amie.

RAPHAEL

Vous me recevez aujourd'hui chez vous, madame, mais mademoiselle de Prissac peut vous recevoir demain chez elle ; mon intention est d'éloigner ma famille de Paris pendant quelques mois ; ne voudriez-vous pas vivre auprès de nous ?

MARTHE (à part)

Auprès de lui ! (haut). Si vous saviez combien je vous sais gré de cette offre bienveillante !

RAPHAEL (transporté)

Vous l'acceptez !... Je pars pour Paris, et dans huit jours nous venons nous installer.

MARTHE

Je la refuse... J'ai besoin de m'éloigner... il le faut, je le dois.

RAPHAEL

Ah ! je croyais que votre amitié...

MARTHE

N'interprêtez pas mal mon refus... Voyons, monsieur Raphaël, puisque la maison vous convient, venez vous y établir... à mon retour de Paris, je pourrais passer quelques jours auprès de mon amie.

RAPHAEL (à part)

Elle croit que je pourrais vivre sans elle maintenant. (haut). Décidément, madame, je vois que cette maison serait trop grande pour nous. Je ne sais trop à quoi je songeais... En Normandie, le ciel n'est pas toujours aussi bleu que le chantent les poètes... Voici bientôt un mois que j'ai quitté Paris... La nouvelle Athènes est une étrange maîtresse, madame ; on reconnaît tous ses défauts, et cependant on ne peut vivre éloigné d'elle.

MARTHE

Ah !

RAPHAEL

Je quitterai ce soir la Normandie.

MARTHE

Votre résolution est bien prompte, monsieur Raphaël. (à part) Je sens que je souffre, mon Dieu.

RAPHAEL (à part)

Je la suivrai partout, le bonheur est là. (haut) Hélas ! madame, les poètes et les amoureux sont des fous. Mon voyage avait un double but : je voulais trouver une retraite paisible pour ceux que j'aime : j'espérais... rencontrer l'idéal que j'aperçois quelquefois dans mes rêves.

MARTHE

Mais la retraite est trouvée.

RAPHAEL

Et l'idéal aussi.

MARTHE

Monsieur Raphaël !

RAPHAEL

Avez-vous aimé quelquefois, madame ?

MARTHE

Jamais.

RAPHAEL

Ni moi ; à toutes les aspirations de ma jeunesse, j'ai répondu par des amours banales qu'un souffle fait évanouir. Je suis une âme qui souffre, parce qu'elle a cherché le bonheur et qu'elle ne l'a trouvé nulle part.

MARTHE

Notre royaume n'est pas de ce monde.

RAPHAEL

Qui sait ?... Dans mes rêves, je me suis demandé où je pourrais trouver le bonheur. — Dans l'amour, m'a répondu une voix mystérieuse, pleine d'harmonie...— Où est l'amour ?... — Cherche, a soupiré la voix... Et j'ai visité l'Italie, appelant de toutes les forces de mon âme une seconde Graziella ; l'écho seul m'a répondu.

MARTHE

Vous rêvez peut-être un bonheur impossible ?

RAPHAEL

Je cherche une âme.

MARTHE (embarrassée)

Monsieur Raphaël, l'amour tel que vous l'entendez n'existe pas.

RAPHAEL

Est-ce votre bouche, madame, qui vient de prononcer ce blasphème ? Cet amour n'existe pas ? (avec feu). Mais vous qui êtes digne de l'inspirer, ne sauriez-vous le partager?

MARTHE

Monsieur Raphaël, où allons-nous ?

RAPHAEL (tristement)

Je m'oubliais, n'est-ce pas, madame.

MARTHE

Voyons, je vous ai fait de la peine? Pourquoi me dites-vous de ces choses-là ? Ne sentez-vous pas que je suis aussi émue que vous, Raphaël ? Ne comprenez-vous pas que je dois vivre avec le souvenir du comte d'Héricourt ?

RAPHAEL (se dirigeant vers la porte).

Adieu, madame ; les poètes sont des fous ; et, si l'amour existe, le bonheur n'existe pas.

MARTHE

Il s'en va !... Monsieur Raphaël !

RAPHAEL

Voyez comme je pars à regret ; il me semble que je vous laisse toute mon âme.

MARTHE

Pourquoi partez-vous ainsi ?

RAPHAEL

Je vais être franc... Ecoutez, Marthe... Permettez-moi d'appeler ainsi la meilleure amie de ma sœur... Je pars, parce que je me grise de votre regard et de votre sourire, et que je crains le réveil.

MARTHE

J'appartiens au souvenir du passé.

RAPHAEL

J'aurais un culte pour lui. Ecoutez, Marthe, ne refusez pas l'amour qui s'offre à vous : nous ne formerons qu'une famille ; nous marcherons vers l'avenir en nous tenant par la main ; ma mère sera la vôtre, ma sœur sera votre sœur. Marthe ! Marthe ! Voulez-vous être ma femme ?

MARTHE (à part).

Oh ! je sens bien que je l'aime, et je n'ai pas la force de résister.

RAPHAEL

Il n'est qu'une grande chose sur la terre, et c'est l'amour : voulez-vous accepter le mien ?

MARTHE

Mon Dieu, inspirez-moi ! Comte d'Héricourt, bénissez-nous !

RAPHAEL (les mains jointes).

C'est la vie que j'attends.

MARTHE

Eh bien ! vivez, Raphaël (elle lui tend la main).

SCÈNE XVII

LES MÊMES, PIERRE

PIERRE

Des visiteurs pour le château, madame.

MARTHE

Cette fois, Pierre, vous allez enlever l'écriteau.

RAPHAEL

Est-ce que je rêve ?

MARTHE (regardant Raphaël).

Hâtez-vous, Pierre. Vous direz aux visiteurs que la maison est louée, et que le bonheur va venir l'habiter.

Vingt Minutes d'Arrêt... Buffet

Comédie en un Acte, en Prose

PERSONNAGES :

Gontran de MELVIL.
Le Comte de MAILLY.
Mme de MORA.
Blanche de MAILLY.
PIERRE, Garçon de Buffet.
JOSEPH,   id   id
UN EMPLOYÉ.

Le théâtre représente un buffet de chemin de fer. Salle de restaurant très vaste — Table d'hôte au milieu — A droite et à gauche, de petites tables pour les services particuliers. Un comptoir surchargé de provisions de toute nature occupe le côté droit de la salle : au-dessus du comptoir, une pendule — œil de bœuf — marque huit heures.

A gauche, une porte donnant sur les salles d'attente de la gare. Issue à droite, près du comptoir, conduisant à l'office. En face de la scène, une grande porte s'ouvrant sur la voie de fer.

La scène se passe à..... Colombes-les-Amours.

Vingt Minutes d'Arrêt... Buffet

SCÈNE PREMIÈRE

PIERRE (plaçant des assiettes sur la table d'hôte).

Avoir commencé sa carrière chez S. Exc. M. le comte de Mailly et la terminer dans un buffet de chemin de fer ! (il pousse un profond soupir) voilà de ces coups que la fortune vous réserve ! (regardant la pendule) L'express de Bordeaux a trois minutes de retard... Brigand de chemin de fer ! il n'en fait jamais d'autres. Et Joseph qui ne paraît pas... (appelant) : Joseph ! Bon ! pas plus de Joseph que de train express... c'est vraiment fait exprès... Tiens ! voilà un mot (avec suffisance). J'en faisais beaucoup autrefois, chez S. Exc. le comte de Mailly ! je m'occupais même de théâtre à cette heureuse époque ! (nouveau soupir). Hélas ! j'ai quitté la voie dramatique pour la voie ferrée, et depuis j'en ai presque perdu la voix.

SCÈNE II

LE MÊME, plus JOSEPH qui apparaît chargé de bouteilles.

JOSEPH

L'express...

PIERRE (il ouvre les portes donnant sur la voie, tandis que Joseph dépose les bouteilles sur les tables.)

Cinq minutes en retard... si cela ne fait pas pitié !

(On entend le sifflet de la locomotive et la voix d'un employé criant : « COLOMBES-LES-AMOURS. Vingt minutes d'arrêt..... Buffet ».

PIERRE

Va toujours, mon brave, cela ne fait ni froid ni chaud.

JOSEPH (sur la porte)

Par ici, messieurs les voyageurs, buffet, buvette, table d'hôte !

PIERRE

Quel organe ! Tais-toi donc, animal, le patron est au lit et ton zèle est bien inutile.

JOSEPH

Je fais honnêtement mon métier (*criant*) : Par ici, buffet, buvette !...

PIERRE

Ah ça, voyons, est-ce que tu t'imagines que S. Exc. M. le comte de Mailly aurait voulu de moi si je n'avais pas été dix fois honnête !...

JOSEPH

Je ne te dis pas le contraire.

PIERRE

Et tu fais bien, car autrement...

JOSEPH (parlant à un voyageur).

Par ici, monsieur. (Il s'empare de la valise et de la couverture du voyageur.)

SCÈNE III

LES MÊMES, plus GONTRAN DE MELVIL et BLANCHE DE MAILLY. (Gontran et Blanche entrent en jetant à droite et à gauche des regards investigateurs).

PIERRE

Monsieur désire-t-il déjeuner ?

GONTRAN

Servez-nous du café seulement et laissez-nous.

PIERRE (criant)

Versez ! (à part) Échinez-vous le tempérament pour appeler les voyageurs. Ah ! si le patron fait fortune !... Après ça, c'est son affaire !

(Joseph apporte le café aux deux voyageurs).

BLANCHE (à Gontran).

Mon ami, il me semble que tout le monde me regarde.

GONTRAN

Mais cela serait difficile... Il n'y a absolument personne ici ; d'ailleurs, que pouvons-nous craindre !
(Ils s'installent devant une petite table de marbre).

PIERRE (à part).

Personne ! Excusez, monseigneur. O fortune ! fortune, avoir servi chez Son Excellence le...

GONTRAN

Garçon !

PIERRE

Voilà, monsieur. (A part). Peu de dépenses et beaucoup de questions, ils sont tous ainsi.

GONTRAN

Le départ du train pour Paris ?

PIERRE

Dans vingt minutes.

JOSEPH

Ne vous pressez pas, messieurs les voyageurs, on viendra vous prévenir cinq minutes avant le départ.

GONTRAN

Peste soit du braillard !

(Les garçons s'éloignent).

(à Blanche)

Allons, calmez-vous, ma bien-aimée, n'êtes-vous pas en sûreté auprès de moi ? Que veut dire cette mine désolée qui me ferait presque douter de votre amour ? Regrettez-vous donc le sacrifice que vous avez fait ? Ne suis-je plus digne de vous ?

BLANCHE

Quelle preuve plus puissante de mon amour désirez-vous donc, Gontran ? J'ai quitté mon vieux père pour vous suivre.

GONTRAN

Vous êtes un ange.

BLANCHE

Mille remords me déchirent le cœur ! Ah ! nous aurions dû patienter, attendre ! Les grands parents ne sont pas toujours inflexibles ; en nous voyant malheureux, ils eussent consenti peut-être ?

GONTRAN

Jamais ! Ignorez-vous la haine que nourrit votre père pour le mien ? Cela date presque de Waterloo !

Ces deux hommes si bien faits pour s'entendre se prirent de querelle à propos du César tombé ; le vôtre, jeune soldat de la vieille garde, fanatisé par le héros de Wagram, ne pardonna pas à mon père des articles violents, sans doute, échappés à sa plume républicaine ! Hélas ! mon amie, ce temps s'est enfui comme un nuage chassé par le vent : M. de Melvil ne tient plus une plume, M. de Mailly ne tient plus une épée, et la haine existe toujours.

BLANCHE

Et nous devions en subir les terribles conséquences. Ah ! Gontran, comment ai-je pu consentir à quitter ce pauvre vieillard ! Je vous aime de toute mon âme, mais je le respecte de tout mon cœur, et je ne réponds à ses bienfaits que par la plus affreuse des ingratitudes.

GONTRAN (il lui prend la main)

A mon retour de la terre africaine, où j'ai laissé un peu de mon sang, je vous ai rencontrée dans les salons de Bordeaux. Vous voir, c'était vous aimer, Blanche, et j'ai obéi à ma destinée. Dès le premier jour, je jurai de vous consacrer ma vie. Cette vie, dont les Arabes n'ont pas voulu, disposez-en comme une souveraine absolue. Vivre pour vous et par vous serait un rêve enivrant, mais je n'ose y croire. Mourir pour vous serait encore du bonheur.

BLANCHE

Vous vivrez, puisque je vous aime, Gontran, et que vous avez le droit de douter de tout, excepté de la sincérité de cet amour ; mais je ne puis me défendre d'une appréhension terrible... Vous avez promis de me conduire chez votre bonne tante qui habite la Normandie, n'est-ce pas ?

GONTRAN

Sans doute, et cette vieille de Mora sera bien heureuse de vous recevoir.

BLANCHE

Eh bien ! Gontran, il me semble que nous n'y arriverons jamais, que le malheur plane sur nos têtes, et que la faute que nous commettons va recevoir un affreux châtiment.

GONTRAN (il porte la tasse à café à ses lèvres)

Garçon ! ce café est détestable.

PIERRE

Monsieur m'a appelé ?

GONTRAN

Vous rêvez !

PIERRE

Monsieur est bien bon ; mais je ne rêve plus depuis que j'ai eu le malheur de quitter Son Excellence le...

GONTRAN

Voulez-vous nous laisser tranquilles, oui ou non ?

PIERRE

Oui, monsieur (à part, en se reculant). C'est peut-être un inspecteur en bonne fortune ; ils vous tombent dessus sans crier gare.

GONTRAN (à Blanche)

Vous avez de bien singulières idées, ma chère Blanche ; il me semble que nul ne serait à cette heure assez puissant pour nous séparer, et que l'amour qui nous a permis de vaincre tous les obstacles est assez fort pour nous mettre à l'abri des puériles craintes qui vous agitent.

SCÈNE IV

LES MÊMES, PLUS UN SURVEILLANT

(Le surveillant, armé d'une sonnette apparaît à l'entrée du buffet ; fait retentir deux fois la clochette qu'il tient à la main droite et soulève sa casquette de la main gauche).

LE SURVEILLANT

Messieurs les voyageurs pour la ligne de Bretagne, en voiture ! le train va partir.

(Il sort).

SCÈNE V

LES MÊMES, MOINS LE SURVEILLANT

BLANCHE

Je voudrais vous croire, Gontran, mais je songe à mon père et je devine son désespoir ! Que dira le monde, mon ami, de cette fuite inattendue ? Ah ! si grand que soit mon amour, il ne saurait m'empêcher de jeter un dernier regard sur un passé sans reproches.

GONTRAN

Que dira le monde, ma bien-aimée ? Il dira ce

qu'il voudra ; vivons pour nous sans nous inquiéter de lui. Vous savez bien que mon vœu le plus ardent est de vous appeler ma femme, et que cette fuite qui vous afflige n'a qu'un but : décider nos parents à nous unir et à se pardonner leur haine pour légitimer notre union. Quant à votre honneur, ma belle fiancée, il demeure irréprochable. Est-ce que vous n'êtes pas la plus respectée comme la plus aimée des femmes.

BLANCHE

Il y a un abîme qui me sépare du passé.

(On entend le sifflet d'une locomotive).

PIERRE

L'omnibus de Paris.

UN EMPLOYÉ (sur le trottoir de la gare).

Colombe-les-Amours ! Vingt minutes d'arrêt; Buffet, tout le monde change de voiture.

JOSEPH (sur la porte).

Par ici, messieurs ! Buffet, buvette, table d'hôte ! (à part). Je vois des militaires dans le train, des clients pour la buvette ; le patron sera content.

PIERRE

Le train pour la ligne de Bordeaux partira dans seize minutes.

GONTRAN

Ils n'en finissent pas avec leurs cris.

SCÈNE VI

LES MÊMES, plus Mme DE MORA

Mme de Mora, enveloppée dans une vaste pelisse, portant un carton à chapeau, un sac de nuit et une chaufferette, pénètre dans la salle du buffet. Gontran et Blanche se reculent et observent.

JOSEPH (s'emparant des bagages de Mme de Mora).

Madame veut-elle déjeuner ou faire une légère collation ? Nous pouvons offrir à madame du café à la crème, du chocolat, du potage. Madame n'a qu'à choisir.

Mme DE MORA

Offrez-moi ce que vous voudrez, mon garçon. Ah ! quel voyage, grand Dieu ! j'en suis toute chose.

Ne me parlez pas de ces affreux chemins de fer, ils ne se composent que de fumée et de bruit. On ne part pas, on arrive. Ah! garçon, de mon temps ce n'était pas ainsi ; on voyageait plus doucement, sans fatigues et sans ennuis... Moi, qui vous parle, je me souviens d'un voyage de noce accompli il y a plus de quarante ans... (avec bonté) Mais cela ne vous intéresserait pas, mon ami, et je préfère vous laisser à vos occupations.

JOSEPH (à part)

Pierre a quelquefois raison, il y a des gens bien singuliers. (haut) Nous avons du café à la crême, du chocolat, du potage.

Mme DE MORA (souriant)

Vous m'avez dit tout cela, garçon. Apportez-moi un potage, une aile de poulet et un doigt de Bordeaux. Mme de Mora n'est pas difficile.

(Joseph sort).

GONTRAN (à part).

Mme de Mora ! Ah ! mon Dieu ! mais c'est ma tante de Normandie.

BLANCHE

Qu'avez-vous, mon ami ! ce trouble ?

GONTRAN

Le hasard fait quelquefois des miracles, ma bonne Blanche ; cette dame est précisément Mme de Mora, cette parente chez laquelle je vous conduisais.

BLANCHE

Oh ! cachez-moi, je vous en supplie, mon ami, ou plutôt laissez-moi partir... Je ne veux pas qu'on lise ma honte sur mon visage ! (avec douleur). Qu'ai-je fait en vous écoutant, Gontran, j'étais folle, je me suis perdue ! (Elle cache son visage dans ses mains et pleure).
(Joseph, pendant ce dialogue, sert Mme de Mora).

GONTRAN

Je ne vous comprends pas, mon amie. Cette parente chez laquelle vous deviez trouver un refuge à l'abri de tout soupçon, le hasard ou mieux, la Providence nous l'envoie, et vous pleurez au lieu de vous réjouir... Voyons, mon enfant, soyez raisonnable et laissez-moi faire ; Mme de Mora est la plus aimable personne du monde, quoique un peu bavarde, — un défaut de vieille femme. — Retirez-vous dans la salle d'attente, et dans un instant je la conduis auprès de vous. (Blanche se lève ; Gontran l'accompagne à l'entrée de la porte qui s'ouvre à gauche, puis se dirige lentement vers Mme de Mora. Il s'arrête à quelques pas derrière elle).

Mme DE MORA (prenant son potage)

Ah ! tout est bien changé depuis cinquante ans... Est-ce que nous connaissions ces voyages à la vapeur autrefois... (elle soupire). On appelle cela du progrès... Il est joli, ce progrès... Et le télégraphe ?... voilà encore un moyen de correspondance inventé par Lucifer... Vous êtes tranquille dans le château de vos pères, à l'abri de toute inquiétude et de tout désagrément ; vous prenez doucement votre café quotidien, vous ouvrez votre journal, — je suis très forte sur la politique, bien que je n'y comprenne pas grand'chose, — crac ! trois coups de sonnette retentissent ; vous croyez à une visite, et vous vous retournez, le visage souriant ! Elle est jolie, la visite ! c'est un télégramme (elle sort une dépêche de sa poche). — On a inventé des mots pour le besoin de la chose, — un télégramme qui vous dit (lisant) : « Sœur, arrive par premier train ; Gontran fait folies sur folies. Ne perds pas une minute. DE MELVIL. »

GONTRAN (à part).

Bon, j'étais sûr d'apprendre du nouveau ; la tante de Mora est une véritable gazette.

Mme DE MORA (tendant son assiette vide, dont Gontran
la débarrasse).

Avec les chemins de fer et les télégraphes, vous comprenez bien qu'il n'y a plus de repos sur la terre : plus de déjeuners paisibles, plus de café dégusté doucement, plus de sieste !... il m'a fallu partir comme un ouragan... (à Pierre qui l'écoute tranquillement). Eh bien ! garçon, mon aile de volaille ?

GONTRAN (faisant signe à Pierre de ne pas bouger et apparaissant brusquement devant Mme de Mora).

Vous êtes donc bien pressée, ma tante ?

Mme DE MORA (poussant un cri).

Hein !... plaît-il ?... Comment ! c'est toi, mauvais sujet... (elle se lève). Ah ! par exemple, mon cher Gontran, je suis bien heureuse de te voir.

GONTRAN (l'embrassant)

Et moi, ma tante, je ne puis vous exprimer le

bonheur que j'éprouve en vous embrassant... Qui donc ne vous aimerait pas ? en vous écoutant, tout à l'heure, je me suis bien aperçu que vous êtes restée la même.

Mme DE MORA

Oui, n'est-ce pas, mon enfant, toujours un peu bavarde. Dame ! que veux-tu, c'est un défaut qui date de loin et dont je crains fort de ne jamais me corriger.

GONTRAN

Vous êtes toujours bonne au-dessus de toute expression.

Mme DE MORA

Autrefois, tu ne me flattais que lorsque tu en voulais à ma bourse.

GONTRAN

Oh ! maintenant, c'est autre chose, je vais tirer une lettre de change sur votre cœur.

Mme DE MORA

Et payable ?

GONTRAN

A vue.

Mme DE MORA

Tu m'effrayes, mon ami... Voyons rassure-moi bien vite (elle lui prend les mains) et dis à ta bonne vieille tante le motif de ta présence ici (le regardant fixement). Nous avons donc fait des sottises, à notre âge ?

GONTRAN

Par exemple !

Mme DE MORA

Alors que les journaux racontaient ces jours derniers ta belle conduite et faisaient de toi un héros ! — il paraît que tu as tué une demi-douzaine d'Arabes à toi tout seul pour délivrer un jeune Français ; — alors que, perdue au fond de ma province, je songeais à ce neveu chevaleresque et que je l'admirais presque autant que je l'aime, une bombe, une vraie bombe, — une dépêche télégraphique — éclate chez moi.

GONTRAN

Nous y sommes.

Mme DE MORA

Et cette dépêche la voici mot pour mot...

GONTRAN

« Sœur, arrive par premier train ; Gontran fait folies sur folies ! »

Mme DE MORA

C'est cela (avec étonnement), tout à fait cela... Je pars aussitôt, et je te rencontre à Colombes-les-Amours. Voyez un peu le hasard...

GONTRAN

Cette rencontre était inévitable, ma tante ; j'allais chez vous.

Mme DE MORA

Comment ! tu venais chez moi... Mais alors que veut dire ton père avec cette bombe ?... Et quelles sont ces folies dont tu te serais rendu coupable ?

GONTRAN

Ma bonne tante...

Mme DE MORA

Il y a quelque amourette sous roche, n'est-ce pas ?

GONTRAN

C'est plus gros que cela. (avec humilité) Je suis un grand coupable !

Mme DE MORA

Ne dirait-on pas qu'il a commis un crime.

GONTRAN

Ma tante, avez-vous aimé ?

Mme DE MORA

Je pense bien que tu ne veux pas une confession... la demande est singulière.

GONTRAN

Répondez toujours.

Mme DE MORA (levant les yeux vers le ciel)

Oui, mon ami, j'ai aimé, beaucoup aimé...

GONTRAN

D'amour ?...

Mme DE MORA (soupirant).

Oui, d'amour.

GONTRAN

Eh bien, ma tante, mon cœur a fait comme le vôtre ; il a parlé.

Mme DE MORA

Je ne vois pas là-dedans l'ombre d'une folie.

GONTRAN

Tout le monde n'en juge pas ainsi... J'ai rencontré un ange, ma tante, et je l'adore.

Mme DE MORA

Les anges, mon neveu, ne sont pas sur la terre... S'ils y étaient, on ne les épouserait pas.

GONTRAN

Vous ne connaissez pas Blanche de Mailly, ma tante ; elle ne ressemble pas aux autres femmes ; elle est belle comme la Vierge et douce comme une colombe...

Mme DE MORA

Les de Mailly ?... Noblesse de robe, n'est-ce pas ?... Un de Mailly a été attaché à la cour de Louis XIV ; un autre a été président de chambre sous Louis XVI. Les derniers se sont ralliés à l'empire et ont changé la robe contre l'épée... Il y a une vieille querelle entre les Melvil et les de Mailly.

GONTRAN

Votre mémoire est prodigieuse, ma tante.

Mme DE MORA

Et celle que tu aimes ?

GONTRAN

Appartient à cette famille. Mais est-ce sa faute ?... Est-ce qu'on peut la connaître et ne pas l'aimer ?...

Mme DE MORA

On te refuse sa main ?

GONTRAN

Mon père, voyant mon désespoir, — car j'aime Blanche à en mourir, — aurait peut-être fléchi, mais

M. de Mailly demeure inébranlable ; il veut faire le malheur de sa fille et le mien... Ah ! ma tante, si vous ne venez à notre aide, nous sommes perdus... Si vous me refusez votre appui, je repars pour l'Afrique, je provoque le premier bédouin que je rencontre, je me fais loger une balle dans la tête et je vous livre à d'éternels remords.

Mme DE MORA

Doucement, doucement, mon ami. Peste ! tu vas vite en besogne... les affaires de cette nature ne s'expédient pas comme cela, et la diplomatie n'a pas été inventée pour rien.

GONTRAN

De votre temps, ma tante, on ne la connaissait pas.

Mme DE MORA

Je te demande bien pardon ; mais elle était certainement meilleure et n'empruntait ni les télégraphes ni les chemins de fer.

GONTRAN

Elle utilisait quelquefois les diligences... Est-ce

que M. de Mora ne s'est pas servi de ce moyen pour arracher à des parents rebelles un consentement de mariage.

Mme DE MORA

Veux-tu bien te taire, mauvais sujet, et ne pas réciter l'histoire ancienne comme un véritable écolier. Quelle faute as-tu donc commise pour parler ainsi ?

GONTRAN (baissant la tête)

J'ai fait comme M. de Mora.

Mme DE MORA

Mais tu es fou !...

GONTRAN

Toujours comme M. de Mora, ma tante ; protégez-moi, daignez m'accorder votre appui. Blanche de Mailly, pure comme vous l'étiez vous-même, attend un mot, un seul mot de vous pour se précipiter dans vos bras. Elle sera ma femme un jour... Elle vous connaît et vous aime... Si votre cœur lui manque, il ne lui reste plus qu'à mourir.

Mme DE MORA (très agitée)

Le télégraphe et le chemin de fer ne suffisaient

pas... Gontran, vous n'êtes qu'un étourdi... qu'un extravagant... plus que cela... (avec douceur) Mais elle t'aime donc bien ? (avec vivacité) Et vous la laissez seule ici... dans un buffet de chemin de fer ! dans une gare ! Conduis-moi vers cette jeune fille, mauvais sujet !

GONTRAN

Blanche s'est réfugiée dans la salle d'attente de la gare.

Mme DE MORA

Il fallait commencer par me l'apprendre. Venez, mais venez donc, mon neveu.

(Ils sortent).

SCÈNE VII

PIERRE, JOSEPH

PIERRE

Eh bien, ce sont là de singuliers clients... l'un laisse sa tasse de café et l'autre son aile de volaille !... Ils diront ensuite qu'ils n'ont pas eu le temps de boire et de manger... Voilà ce qu'est un buffet de chemin de fer, et avec cela un registre de réclamations... quelque chose comme le rasoir d'un certain Damoclès suspendu sur la tête du patron... Ah ! je commence à en avoir assez, moi ! Et dire que j'ai eu l'honneur d'être au service de S. Exc. M. le comte de Mailly.

(On entend un coup de sifflet).

JOSEPH

L'omnibus de Bordeaux !

(La voix du surveillant criant au dehors) :

Colombes-les-Amours ! vingt minutes d'arrêt ! buffet !

JOSEPH (sur le seuil de la porte)

Par ici, messieurs les voyageurs ! Buffet, buvette, table d'hôte !

SCÈNE VIII

JOSEPH, PIERRE, LE COMTE DE MAILLY

LE COMTE (il laisse tomber sa couverture de voyage dont s'empare Joseph)

Combien d'arrêt?

JOSEPH

Vingt minutes.

LE COMTE

Merci.

PIERRE (à part)

Est-ce possible ?... C'est S. Exc. M. le comte de Mailly que j'ai l'honneur de revoir...

JOSEPH

Que faut-il servir à Monsieur ?

LE COMTE (à Pierre)

Un renseignement, s'il vous plaît, mon ami.

PIERRE

Toujours à vos ordres comme autrefois, monsieur le comte.

LE COMTE

Comment! je vous retrouve ici, Pierre ?

PIERRE

La fortune a de terribles lendemains...

LE COMTE

En effet, mon pauvre Pierre ! (à part) Je le sais : elle me gardait une poignante douleur. (haut) Dites-moi, Pierre, le train de Bordeaux a-t-il amené beaucoup de voyageurs ?

PIERRE

Très peu pour la gare et très peu pour nous.

LE COMTE

Avez-vous remarqué, parmi ces voyageurs, une jeune personne d'une vingtaine d'années, d'une mise élégante et d'un visage très doux ?

PIERRE

L'express de Bordeaux ne nous a donné qu'une jeune dame et un monsieur.

LE COMTE

Ah !

PIERRE

Le monsieur a même rencontré ici une dame de sa connaissance, arrivée par le train de Paris. Nous avons encore les bagages de ces voyageurs.

LE COMTE

Ce ne sont pas eux... ils auraient fui tout le monde... Ah ! malheureuse enfant, quelle tristesse tu répands en moi ! (il s'assied et rêve).

PIERRE (doucement)

Monsieur le comte est peut-être souffrant ?

LE COMTE

Merci, Pierre, ne vous occupez pas de moi... je n'ai rien et n'ai besoin de rien...

PIERRE (à part)

Comme il est changé !

LE COMTE (il se lève et marche avec agitation)

Où est-elle, maintenant ? Dieu seul le sait... La reverrai-je encore ?... O l'ingrate ! que de larmes elle va mettre dans ma vie, moi qui l'aimais tant !... Mais cette fuite, est-elle vraie ? Elle a voulu me faire peur, elle va revenir... Elle se cachait parfois, quand elle était toute petite, puis elle revenait toute rieuse se blottir dans mes bras... Est-ce que ce n'est pas sa voix que j'entends ?... (avec douleur) Non ! non ! elle ne reviendra pas, je l'ai trop cruellement offensée hier soir... Ne lui ai-je pas dit que je ne consentirai jamais à un mariage déshonorant ! Allons ! allons ! je suis allé trop loin, beaucoup trop loin même ! Ces de Melvil, je ne les aime pas... voilà près de cinquante ans que nos familles sont divisées... mais, après tout, ce sont d'honnêtes gens... Est-ce que les enfants doivent supporter les fautes des pères ?

(Il s'assied et appuie sa tête dans ses mains).

SCÈNE IX

LES MÊMES, plus LE SURVEILLANT

LE SURVEILLANT (il agite deux fois sa sonnette)

Le train pour la ligne de Paris part dans cinq minutes !

SCÈNE X

LES MÊMES, moins LE SURVEILLANT

LE COMTE (il froisse un papier dans sa main)

M'écrire un pareil billet ! ah ! toutes les lettres en sont gravées là (il se frappe le front) en caractères ineffaçables... Elevez des enfants, placez sur ces têtes frêles et chéries toutes vos affections, toutes vos espérances ; écartez du chemin où ils doivent poser les pieds toutes les ronces que vous avez rencontrées vous-mêmes ; vivez pour ces créatures qui vous rappellent le printemps et le sourire ; revoyez dans leur azur tout votre printemps évanoui... un jour tout s'écroule ! tout s'effondre ! vous restez seul, isolé, abandonné, maudit ! (avec un sanglot) Abandonner un vieillard ainsi, oh ! c'est plus que de l'ingratitude, c'est de la cruauté... Livrer ses cheveux blancs à la risée du monde ; n'écouter que le langage de la passion ; fuir la maison paisible et pure qui ne vous offrait que de la joie ; laisser à la place de tout ce bonheur le désespoir morne et sinistre, oh ! c'est lâche ! lâche ! et je ne reconnais plus mon enfant... (il pleure) Et cet homme, qui m'enlève ainsi le repos de mes dernières années... ce misérable qui dresse lentement le piège où doit tomber l'innocence... il me faudra tout son sang ! Pas de pitié pour ce Gontran de Melvil... je le briserai comme je brise ce verre...

(Il prend un verre et le jette fortement sur le parquet).

PIERRE (s'élançant vers le comte)

Ah ! mon Dieu ! qu'arrive-t-il ? monsieur le comte serait-il mécontent ?

LE COMTE (honteux, relevant la tête)

Pardonnez-moi, mon garçon, c'est une maladresse dont je me suis rendu coupable... Tenez ! (il lui donne vingt francs) voici de quoi la réparer.

PIERRE

Monsieur le comte a bien le droit d'être maladroit, si cela plaît à Monsieur le comte (il s'incline).

(Le comte sort du buffet par la grande porte s'ouvrant sur la voie de fer).

SCÈNE XI

Mme DE MORA, GONTRAN, BLANCHE, PIERRE, JOSEPH

Mme DE MORA (donnant le bras à Blanche
et à Gontran)

Par exemple, mes enfants, vous allez me permettre de manger mon aile de poulet et de boire un doigt de bordeaux... Vous comprenez que j'ai besoin de réconforter mes soixante-dix ans.

BLANCHE

Oh ! oui, bonne mère, et de vous conserver pour ceux qui vous aiment.

Mme DE MORA

N'est-ce pas ? ma fille.

GONTRAN

D'autant plus que le télégraphe... le chemin de fer... l'émotion... tout cela aiguise diablement l'appétit.

Mme DE MORA

Moquez-vous, Gontran, moquez-vous à votre aise de votre vieille tante qui ne peut se soumettre aux obligations de ce siècle étonnant ! Que voulez-vous, mes amis, j'ai toujours été un peu sauvage, moi, je l'avoue ; puis je me trouve si bien dans le fond de ma province normande.

BLANCHE

Et vous avez mille fois raison, madame.

Mme DE MORA

Vous savez, Blanche, que je ne veux pas être traitée cérémonieusement.

BLANCHE

Pardonnez-moi, bonne mère.

Mme DE MORA

Voilà un titre que je tâcherai de mériter. Et, pour commencer, mes amis, il convient de dresser un plan de conduite dont nous ne nous écarterons pas.

GONTRAN

Notre avenir est entre vos mains.

Mme DE MORA

Vous, Gontran, je vous enferme jusqu'à nouvel ordre au château de Mora.

GONTRAN

Comment ma tante, vous m'enfermez ?

Mme DE MORA

C'est absolument nécessaire ; donc pas de réplique où je vous plante là et je me lave les mains de tout ce qui pourra survenir de fâcheux par votre imprudence.

GONTRAN

Vous serez obéie.

Mme DE MORA

Je l'entends ainsi. (à Blanche) Vous, Blanche, je vous ramène à Paris ; je vous conduis auprès de votre père que vous n'auriez pas dû quitter.

BLANCHE

Disposez de moi, bonne mère.

GONTRAN

Et le rideau tombe là-dessus... Vous venez me retrouver à Mora et vous essayez de me consoler avec de bonnes paroles ?... Eh bien, non, cent fois non, j'aime mieux aller revoir les bédouins et me faire casser la tête...

Mme DE MORA

Gontran, vous êtes un homme de peu de foi et vous ne méritez pas mon amitié.

GONTRAN

Mais vous ignorez donc que Blanche est toute ma vie ?...

Mme DE MORA

Et que vous ne pouvez vivre sans elle... c'est

convenu, mon garçon, j'en sais aussi long que vous sur cet article ; mais ce que j'ai décidé s'accomplira... ou sinon...

GONTRAN

Ah ! tante de Mora, vous êtes bien dure.

Mme DE MORA

Mais tu n'ignores pas, mauvais sujet, que je ne travaille qu'à ton bonheur. Blanche a écrit à son père un billet insensé. M. de Mailly doit être en ce moment sur la route de la folie ; il faut absolument retourner auprès de lui. Et puisqu'il faut tout vous dire, j'ai, dans mon sac de voyage, certains documents qui décideront le père de Blanche au mariage.

GONTRAN

Vous êtes donc une véritable fée ?...

Mme DE MORA

Je suis ce que je suis...

SCÈNE XII

LES MÊMES, plus LE SURVEILLANT

LE SURVEILLANT (après avoir agité sa sonnette)

Le train pour la ligne de Paris partira dans trois minutes! ligne de Paris seulement!... (Il sort).

SCÈNE XIII

LES MÊMES, moins LE SURVEILLANT

Mme DE MORA

C'est le train que vous allez prendre, Gontran... Blanche et moi nous prendrons, dans quelques instants, celui de Bordeaux.

GONTRAN (à Blanche)

Vous consentez, Blanche?

BLANCHE

Il le faut, mon ami.

Mme DE MORA

Je réponds du succès si l'on a confiance en moi.

GONTRAN

Eh bien, ma tante, agissez selon votre cœur et songez que j'attendrai avec anxiété... Blanche, vous savez que rien au monde ne saurait nous séparer ?

JOSEPH

Messieurs les voyageurs pour la ligne de Bordeaux, le train part dans trois minutes !

(Sur un signe de Gontran, Joseph s'approche et reçoit de l'argent).

(Blanche et Mme de Mora s'avancent vers la porte).

Mme DE MORA

Voilà les buffets de chemin de fer, — encore une invention de ce siècle, — ils ne laissent même pas le temps de manger une aile de poulet !

SCÈNE XIV

LES MÊMES, plus LE COMTE DE MAILLY, qui rentre

LE COMTE

Elle n'est pas partie pour Paris ?

BLANCHE (éplorée et se reculant vivement)

Mon père ! ah ! mon père !

LE COMTE (portant la main à son cœur et d'une voix étranglée)

C'est vous que je retrouve ici, Blanche !... Mademoiselle ! ah ! votre conduite est infâme ! (Il se laisse tomber sur une chaise).

BLANCHE (à genoux)

Mon père, de grâce, pardonnez-moi ! j'étais folle, et je reviens à vous repentante !

LE COMTE

Tu as brisé ma vie, mon enfant... Qu'allons-nous devenir tous les deux...

Mme DE MORA

Monsieur le comte, Blanche de Mailly est encore digne de vous, je vous le jure sur l'honneur.

LE COMTE

Pour parler ainsi d'honneur, qui êtes-vous, madame ?

Mme DE MORA

Je vais vous le dire. (à Blanche) Rassurez-vous, Blanche vous avez retrouvé votre père et le bonheur.

LE COMTE (à Mme de Mora)

Je ne vous connais pas.

Mme DE MORA

Je suis Madame de Mora, veuve de S. Exc. le baron de Mora, ministre plénipotentiaire de S. M. Louis dix-huitième du nom (le comte s'incline). Je suis la sœur de M. de Melvil, dont vous avez été l'ami (geste du comte). Je suis enfin la tante de M. Gontran de Melvil, capitaine de spahis, dont la bravoure vous a conservé un fils...

GONTRAN

La tante de Mora devient folle !

LE COMTE

Que dites-vous là, madame... mon fils aurait couru un danger de mort ?

Mme DE MORA (prenant Gontran par la main)

Vous avez, monsieur le comte, une grande faute à punir, un grand mérite à récompenser.

BLANCHE (toujours à genoux)

Oh ! mon père ! vous ne m'avez pas pardonnée !

LE COMTE

Relevez-vous, ma fille, j'ai besoin d'écouter les explications de Mme de Mora.

Mme MORA (présentant Gontran)

Voici le coupable et le héros. La faute vous la connaissez. Ces enfants ont oublié la haine de leurs pères ; ils ont commis le crime de s'aimer, et vous les condamnerez à mort en les séparant.

LE COMTE (à Gontran)

Vous me rendrez raison de l'outrage que vous faites subir à mon nom, monsieur le Capitaine de spahis. J'ai été soldat comme vous, et je n'ai jamais déshonoré mes épaulettes.

GONTRAN

Monsieur le comte...

Mme DE MORA

Je n'ai pas fini, mon cher Comte (elle prend dans son sac de voyage le *Journal Officiel*) Voici un article de journal publié par les soins du gouverneur général de l'Algérie qui vous permettra d'écouter la bonté naturelle de votre cœur. (lisant) : « Le Ministre de la guerre
» vient de nommer M. Gontran de Melvil chevalier
» de la Légion d'honneur. (Mouvement de Gontran).

» On se rappelle que, le 3 avril dernier, le
» vicomte de Mailly, lieutenant d'infanterie attaqué
» par six Arabes dans les gorges del Kantara, n'a dû
» la vie qu'au courage déployé par le capitaine de
» Melvil.

» Cet officier, dont la modestie égale le mérite, a
» pu se dérober brusquement à la reconnaissance de
» M. de Mailly, mais il appartenait au Ministre de
» porter cette action d'éclat à la connaissance de
» l'armée et d'accorder à son auteur une récompense
» vraiment nationale. »

LE COMTE

Vous avez sauvé mon fils, Monsieur de Melvil ?

GONTRAN

J'ignorais le nom de celui que j'ai eu le bonheur

d'aider de mon épée, monsieur le comte, et je suis heureux d'apprendre qu'il appartient à votre famille. Quant à la récompense que M. le Ministre daigne m'accorder, elle me serait bien plus précieuse si elle m'aidait à obtenir le pardon d'un père que j'ai offensé.

BLANCHE

Serez-vous inflexible, mon père ?...

Mme DE MORA

Je vous l'ai dit, comte, vous avez à punir et à récompenser.

LE COMTE

Je choisis la récompense, Baronne ; et puisque le capitaine m'a gardé un fils, je ferme les yeux sur l'aventure de ce matin... et je lui donne ma fille.

(Gontran s'empare des mains du comte, tandis que Blanche se précipite dans ses bras).

Mme DE MORA

Voilà ce que j'appelle de la justice.

LE COMTE

Sans doute, mais nous allons un peu vite, mes

amis. Sommes-nous seulement assurés du consentement de M. de Melvil ?

Mme DE MORA

Ah ! ceci me regarde, et personne ici, je l'espère, ne doutera de la valeur de ma diplomatie.

BLANCHE

Oh ! non, bonne mère.

GONTRAN

J'aimerais mieux douter de moi, tante de Mora.

SCÈNE XV

LES MÊMES, plus LE SURVEILLANT

LE SURVEILLANT (agitant sa clochette)

Messieurs les voyageurs pour la ligne de Bordeaux, en voiture ! le train va partir.

LE COMTE (offrant son bras à Mme de Mora)

Gontran, offrez le bras à votre fiancée.

(Gontran obéit).

PIERRE (à M. de Mailly)

Si monsieur le comte avait conservé de mes services un bon souvenir... et s'il daignait me reprendre ?...

LE COMTE

Vous êtes donc malheureux ici, Pierre ?

Mme DE MORA (avec intérêt)

Dame !... dans un buffet de chemin de fer...

PIERRE (baissant la tête)

Hélas !

LE COMTE

Eh bien, venez avec nous, mon ami ; depuis six ans, la maison n'a guère changé, et vous retrouverez votre ancien emploi.

PIERRE (s'emparant des cartons, des pardessus, etc.).

Ah ! quel poids de moins sur le cœur !

JOSEPH

Me voilà premier garçon.

(Le comte, Mme de Mora, Gontran et Blanche, suivis de Pierre, se dirigent vers la porte).

(On entend un coup de sifflet, le bruit d'un train qui s'arrête et la voix d'un employé criant au dehors) :

Colombes-les-Amours ! vingt minutes d'arrêt ! buffet !

La toile tombe.

Avril 1878.

LE CAMÉLIA

Comédie en un Acte, en Prose

PERSONNAGES :

Le Comte HERMAN, député ;
Léon de VILLEQUIER, journaliste ;
Claire de VILLEQUIER, sa femme ;
Durand de CHAMPEVAL, numismate ;
Hélèna de VISCONTI, cantatrice ;
Un Magistrat.

Décor : Une vaste salle donnant sur un jardin.

La scène se passe à Versailles sous l'empire.

LE CAMÉLIA

SCÈNE PREMIÈRE

LE COMTE, CLAIRE (assis en face l'un de l'autre)

CLAIRE

Ainsi, monsieur le comte, vous partez demain.

LE COMTE

Il le faut, madame, mes concitoyens m'ont confié un mandat que je dois m'efforcer de remplir, je suis prêt à me dévouer corps et âme aux intérêts de mon pays.

CLAIRE

C'est noblement parler. Oh! je suis sûre que vous

serez utile à la grande cause de la France et que vous demanderez l'instruction et la liberté pour tous les esprits.

LE COMTE

Je tâcherai de faire triompher la justice, cette majesté, et la liberté, cette splendeur, mais qui me soutiendra dans cette tâche ?

CLAIRE

Le devoir, monsieur le comte.

LE COMTE (il se lève)

Ainsi je partirai sans un mot d'espérance, sans un souvenir... si je faiblis dans ma route, nulle main ne se tendra vers la mienne... Voyons, madame, ne voulez-vous pas me donner ce camélia qui pare votre coiffure ?

CLAIRE (secouant négativement la tête)

Ne vous laissez pas aller au découragement... Vous êtes jeune, vous êtes riche, vous êtes puissant, vous trouverez de brillantes consolatrices.

LE COMTE

Il est des cœurs qui ne veulent pas être consolés.

CLAIRE

Ne dites pas cela... vous me feriez regretter de vous avoir reçu comme un ami... non, je ne puis ni ne veux vous dire d'espérer, parce que vous savez bien que je mentirais si je vous disais cela. J'aime mon mari, monsieur le comte, et je le respecte autant que je l'aime.

LE COMTE

Hélas !

CLAIRE

Accepter votre amour, ce serait aussi accepter la honte... et je suis une honnête femme, restez mon ami, l'amitié est d'or, dit une maxime, voulez-vous la mienne ?

LE COMTE

C'est le langage de la raison que vous me faites entendre, madame, et ce langage je veux l'écouter; pardonnez-moi de venir jeter une ombre sur votre vie si pure.

CLAIRE (se levant et parlant vivement)

Ainsi c'est entendu, vous êtes mon ami, et vous êtes celui de monsieur de Villequier.

LE COMTE

Certes ! Je ne demande qu'à être mis à l'épreuve.

CLAIRE

Mon mari ne revient pas, où peut-il être ?

LE COMTE

Vous lui présenterez toutes mes effusions, vous lui direz que dans l'intérêt même du parti auquel il appartient, il devrait s'efforcer d'être plus calme et plus modéré. Nous voulons tous deux arriver au même but, faire régner la justice et l'égalité ; pourquoi ne suivons-nous pas la même voie ?

CLAIRE

Vous avez raison, monsieur le comte, son exaltation me fait peur.

LE COMTE

L'avenir nous dira si je me trompe aujourd'hui. Léon est radical et j'appartiens à la catégorie des modérés... il veut détruire d'un seul coup toutes les institutions du passé, moi plus craintif peut-être, je sens le monde trembler sous mes pieds, j'ai peur d'une secousse trop violente et je veux édifier avant de détruire.

CLAIRE

L'avenir est à la République.

LE COMTE

Et c'est pour cela que nous devons marcher avec modération et dignité. Oui l'avenir appartiendra à la République, si nous savons former une génération virile pour en comprendre la grandeur et pour en accepter les sacrifices.

SCÈNE II

LES MÊMES, HÉLÈNA

HÉLÈNA

Inutile de m'annoncer, je veux surprendre mes amis.

CLAIRE (avec joie)

Hélèna Visconti, quel merveilleux hasard...

(Le Comte s'incline)

HÉLÈNA

Moi-même, chère amie. Je suis arrivée il y a deux heures à peine et ma première visite est pour toi. (Elles s'embrassent).

CLAIRE

Ah ! que je suis heureuse de te voir ! (au comte) Permettez-moi, monsieur le comte, de vous présenter ma meilleure amie.

HÉLÈNA

Une amitié qui date de loin, monsieur.

LE COMTE

Ah ! mademoiselle, je ne croyais pas avoir le bonheur de saluer la célèbre cantatrice Hélèna Visconti.

CLAIRE

Ma chère belle, tes succès ont partout de l'écho. Les journaux ne parlent que de toi. On racontait ces jours derniers que pendant la représentation de *Lucie*, le théâtre de la Scala craquait sous le poids de tes admirateurs et que la scène était jonchée de fleurs et de couronnes.

HÉLÈNA

Je te raconterai cela. Tu ne te doutes guère, toi qui vis dans un milieu calme et paisible, de l'enivrement de la vie théâtrale ; c'est un monde nouveau où l'artiste véritable se sent entraîné malgré lui.

LE COMTE

Et dans cette vie enivrante, mademoiselle, vous êtes restée pure et sans tache, fidèle à l'antique honneur de votre famille, ne prenant au théâtre que les joies qui conviennent aux cœurs élevés.

HÉLÈNA

Mais, monsieur, j'ai des milliers d'adorateurs, et, pour satisfaire tout le monde, j'ai fait un serment terrible !

CLAIRE

Un serment !

HÉLÈNA

Oui, j'ai juré de ne jamais préférer personne.

LE COMTE (ému)

(A part) Aussi sage que belle. (Haut) Ah ! mademoiselle, pourrez-vous tenir ce serment ?

HÉLÈNA

Eh bien, le jour où je le trahirai, je quitterai le théâtre.

CLAIRE

Tu me vois toute joyeuse de ton arrivée... mais le motif qui t'a conduite parmi nous est encore un mystère pour moi.

HÉLÈNA

Le mystère sera bientôt expliqué... Je suis venue passer huit jours à Paris et chanter deux fois dans le *Trouvère*, la proposition m'a convenu pour deux motifs. (Ils prennent des sièges.)

LE COMTE

Je devine le premier.

HÉLÈNA

Monsieur est sorcier.

LE COMTE

Jugez-en mademoiselle, vous avez accepté parce que ces deux représentations sont données au profit des malheureux et que votre cœur n'est jamais invoqué en vain.

CLAIRE

Ah! c'est noble et généreux ce que tu as fait là; mettre son talent au service de ceux qui souffrent, je ne sais rien de plus grand.

HÉLÈNA

Et le second motif, le plus sérieux, ma chère belle, le voici : Je savais que Versailles n'était qu'à quelques minutes de Paris et que dans cette première ville se trouvait ma meilleure, ma plus sincère amie... mais je bavarde comme une vrai pie... j'ai juste le temps de t'embrasser et de repartir pour Paris... Je suis de retour dans quelques heures et nous causerons, j'ai tant de choses à te dire...

LE COMTE

Pardonnez-moi d'être resté si longtemps auprès de vous... j'ai sans doute été indiscret.

CLAIRE

L'amitié ne l'est jamais, monsieur le comte.

HÉLÈNA (au comte)

Offrez-moi votre bras pour me conduire jusqu'à ma voiture. (Le comte présente le bras.)

CLAIRE

Bonjour comte.

LE COMTE

Au revoir, madame.

HÉLÈNA

A bientôt, ma toute belle.

SCÈNE III

CLAIRE, seule. (Elle s'assied)

Mon père ne revient pas. Je l'avais prié de se mettre à la recherche de Léon et de le ramener ici... Je ne sais pourquoi cette maudite politique me fait peur. (Elle se lève.)

SCÈNE IV

CLAIRE, DURAND

DURAND

Adieu petite, tu es toute charmante ce matin.

CLAIRE

Et vous tout joyeux mon père... vous l'avez trouvé...

DURAND

Ah! voilà, je vais te dire, petite, le bonheur m'a favorisé.

CLAIRE

Vraiment.

DURAND

Mais laisse-moi d'abord t'embrasser, ma chère enfant.

CLAIRE

Et cette grande joie qu'exprime votre visage... je suis sûre que vous l'avez rencontré ?

DURAND

Juste... figures-toi, petite, qu'il était au milieu

d'un tas de vieux sous, de vieilles médailles sans aucune espèce de valeur.

CLAIRE

Quoi... mon mari... Oh mon père !

DURAND

(Pendant cette scène Claire montre beaucoup d'impatience.)

Qu'est-ce que tu me chantes là... ton mari. Eh non ! c'est un denier d'argent à l'effigie de Henri Ier que j'ai trouvé. Tu sais bien que ma collection souffrait de cette lacune, que j'avais fouillé en vain les boutiques et les bazars. Eh bien ! je l'ai trouvé ma fille, voici mes monnaies de la troisième race au grand complet... car je possède des deniers d'argent de Philippe Ier, de Louis VI, de Louis VII, de Philippe II. Oh ! ai-je eu une chance !... figures-toi que je mets la main sur un trésor et cela au premier coup... j'en tremble encore... Je regarde le marchand, il n'avait pas vu mon émotion... je pose le denier sur le comptoir, je l'entoure de quelques pièces insignifiantes et j'en demande le prix en affermissant autant que possible ma voix.

CLAIRE

Mais mon mari, mon père... vous savez bien que

je vous avais prié de le ramener vers moi, vous n'ignorez pas qu'il appartient à une foule de Sociétés secrètes que le gouvernement poursuit à outrance, vous savez que je suis inquiète, mon père, que je suis folle... et vous me parlez de vieilles médailles, eh! que m'importe !

DURAND

Comment, que t'importe !

CLAIRE

Voyons, mon père, mon bon père répondez-moi.

DURAND

Eh bien, petite j'ai positivement oublié ta commission. Que veux-tu, quand ces diables de médailles me trottent par la tête je n'y suis plus... je vais retourner sur mes pas... passer chez nos amis et je te le ramènerai, sois-en sûre.

CLAIRE

Allez, mon père. Je ne sais pourquoi je suis toute préoccupée ce matin, Léon m'a quittée si promptement.

DURAND

Ah ! mon gendre est un esprit généreux, mais c'est un véritable écervelé, il compromet toute sa famille avec ses opinions écarlates... parlez-moi d'un bonhomme comme moi qui vit au milieu des *agnels* d'or, des *tournois*, des *écus au lion*, à *l'ange*, au *soleil*, des *ducatons de Milan*, de *gros blancs*, de *douzains*, de *cavaliers d'or*.

CLAIRE

Ah mon Dieu !

DURAND

Tu comprends bien que cette passion là ne porte tort à personne, elle n'est pas plus dangereuse pour moi que pour les voisins... au contraire... J'ai le plaisir de leur montrer ma collection, d'amuser et d'instruire en racontant l'histoire de toutes ces étranges monnaies qui nous parlent du passé.

CLAIRE

Je vous en supplie, mon père... l'heure s'avance et Léon ne vient pas.

DURAND

J'y cours, à bientôt ma fille. (*Il sort.*)

SCÈNE V

CLAIRE (seule)

Enfin ! je croyais qu'il ne partirait pas. Je suis dans une inquiétude mortelle... pourvu qu'il ne lui soit rien arrivé, c'est une nature si grande, si généreuse, si expansive ! Oh ! j'ai peur !

SCÈNE VI

DURAND (Il entrebaille la porte)

Je pars... c'est le comte Herman, ton voisin qui va être furieux lorsqu'il saura... Sa collection ne peut plus lutter avec la mienne, il n'a guère comme rareté que des écus de François Ier à la salamandre et à la croisette et quelques sols parisis de Charles IX... (Claire fait un mouvement d'impatience) Allons je m'en vais.

SCÈNE VII

CLAIRE (seule)

Je ne puis défendre mon esprit contre la tristesse qui l'envahit. Ce qui se passe en moi est étrange !...

pourvu que Léon ne courre aucun danger... quelle folie !... n'est-il pas allé vingt fois dans de semblables réunions. Ah! son exaltation m'épouvante, il ne redoute rien et moi je crains tout. Ses articles sont écrits avec du feu et font naître dans l'esprit du peuple la colère et la vengeance ! Mon Dieu, ne se trompe-t-il pas ? Est-ce bien la route qu'il devrait prendre, lui si grand, si généreux, ne se trompe-t-il pas ? Ne devrait-il s'efforcer de calmer les passions populaires, de demander au nom de la justice et de la conscience humaine les libertés qu'il veut obtenir par la force.

SCÈNE VIII

CLAIRE, LÉON

LÉON

C'est moi. Vive la France et vive la République !

CLAIRE (elle l'embrasse avec effusion)

Ah ! mon bien-aimé, si tu savais combien j'étais inquiète et tourmentée !

LÉON

Tourmentée ?

CLAIRE

Nous vivons en des temps si étranges... et je t'aime tant.

LÉON

Bonne Claire... mais, je te demande un peu si tu avais besoin de te mettre l'esprit à la torture.

CLAIRE

J'avais un poids affreux sur le cœur. Te voici, je ne crains plus rien, mais je dois te confesser que mon père court après toi.

LÉON

Ah ! par exemple, c'est trop fort... eh bien ! il faut faire courir après lui.

CLAIRE

Non mon ami, je suis bien sûre qu'il s'arrêtera en chemin, il n'a qu'à rencontrer quelque médaille curieuse.

LÉON (ils prennent des sièges)

A propos, je n'oublie pas notre excellent père,

moi et j'ai fait une trouvaille chez un antiquaire de mes amis, c'est un franc d'or que fit frapper St-Louis, il n'en existe que trois en Europe et notre bon numismate va crier au miracle.

CLAIRE

Laisse-moi te dire qu'en ton absence j'ai reçu une foule de visites.

LÉON

Donc, vous ne vous êtes pas trop ennuyée, Madame.

CLAIRE

Fi, le vilain, qui croit que je suis heureuse loin de lui et qui préfère les clubs et les réunions politiques à sa petite femme.

LÉON

Le pays, Claire, l'honneur, le devoir. Ah! Dieu sait que si je donnerais mon âme pour toi, je donnerais ma vie pour le pays.

CLAIRE

Oui, je sais que vous êtes une nature grande et

généreuse, Léon, mais je crains que vous ne dépassiez le but au lieu de l'atteindre. Le peuple fortement ébranlé peut tout à coup se lever comme un seul homme, revendiquer au prix du sang toutes ses libertés, après avoir été victime, il peut devenir bourreau.

LÉON

Il en a le devoir. Le vieux monde s'écroule, les vieilles sociétés s'effondrent, au milieu des débris, la liberté s'élance toujours jeune et toujours rayonnante ! A quoi bon calmer les esprits, à quoi bon attendre ! il faut vaincre ou mourir ! il faut anéantir le passé, détruire les privilèges, réveiller toutes les nobles passions.

CLAIRE

Mais ce sont les mauvaises qui se soulèvent.

LÉON (il se lève)

Le peuple n'est jamais mauvais, ce sont nos institutions vicieuses qui l'ont perdu, il faut le moraliser, lui donner le rang qu'il doit occuper dans une grande nation, et s'il faut du sang pour cela, le baptême n'en sera que meilleur.

CLAIRE

Oh ne t'exaltes pas ainsi, tu me fais peur. Si on allait t'arrêter... me séparer de toi, que sais-je ?

LÉON

On n'oserait ? Je suis une puissance aussi et ma plume vaut une épée. Est-ce que de toutes parts, le monde ne se réveille pas. Est-ce que la jeune Amérique ne sourit pas avec orgueil à la vieille Europe qui se débarrasse de ses rois... Allons, ma bien-aimée, l'heure de la régénération sonnera... et ce jour-là, malheur aux coupables, le peuple en fera bonne et prompte justice.

CLAIRE

Un pays régénéré ne doit pas se venger ; il doit ramener à lui ceux qui s'égarent.

LÉON

Impossible ! ces souteneurs des vieilles monarchies sont les ennemis implacables du progrès. Trébuchet fatal de la République, ils ne se corrigeront jamais, ils aiment les rois dont ils sont les courtisans obséquieux, et ils nous traitent de misérables, parce que nous dévoilons leur perfidie, parce que nous leur disons avec une crudité républicaine : Non ! le peuple n'est pas une bête de somme qui doit toujours se courber devant vous, sa sueur ne vous appartient pas. Vos droits sont les mêmes, vous êtes égaux devant les hommes comme vous êtes égaux devant Dieu !

CLAIRE

Je te comprends, mon ami, mais je te le répète, je crains pour toi, et je ne puis songer sans frémir aux nombreuses arrestations qui sont ordonnées par le gouvernement.

LÉON

Assez de politique, ma petite femme. Tu sais que je ne perds pas la mémoire comme notre excellent père, raconte-moi tes visites de ce matin.

CLAIRE (ils prennent des sièges)

C'est cela. Je commence par notre voisin ; le comte Herman est venu nous faire ses adieux, il part pour Paris.

LÉON

Ah ! ah ! encore un député à l'eau de rose celui-là,

un républicain qui se contenterait d'une monarchie libérale... comme si une monarchie pouvait l'être. C'est pourtant une bonne tête... un des meilleurs esprits de notre temps... Ah si tous les députés étaient comme lui...

CLAIRE

On avait dit : plus de politique.

LÉON

C'est vrai, mais il est si difficile de parler sans s'en occuper un peu ; voyons ma bonne amie, passons à la seconde visite.

SCÈNE IX

LES MÊMES, plus HÉLÈNA

HÉLÈNA

Mademoiselle Hélèna Visconti.

LÉON

Ah bah !

HÉLÈNA

Comment cela va-t-il ? Très bien, n'est-ce pas, et

toi, ma bonne, tu es surprise de me voir de retour après 20 minutes d'absence... J'ai rencontré en chemin le Directeur de l'Opéra. Je chante demain, je lui ai donné mes petits ordres et me voilà, ai-je eu une bonne idée ?

CLAIRE

Toujours la même !

LÉON

Les journaux annonçaient votre arrivée et je n'y croyais pas.

HÉLÈNA

Comment, républicain que vous êtes, vous lisez donc les chroniques théâtrales.

LÉON

Est-ce que le théâtre n'est pas une petite république où les opinions les plus opposées viennent se dérouler ? est-ce que les artistes ne sont pas les enfants de la liberté ? est-ce que ceux qui marchent avec de l'azur dans les yeux, de l'amour dans le cœur, de la poésie dans l'esprit, ne veulent pas vivre libres sous le grand soleil du bon Dieu.

HÉLÈNA

Bravo.

LÉON

Est-ce que l'inspiration n'est pas fille de la liberté ? Interrogez-vous, mademoiselle, vous êtes une grande cantatrice, et lorsque mille regards enfiévrés sont suspendus à vos lèvres, vous obéissez à cette inspiration qui donne à votre voix des modulations sublimes. Que vous peigniez la joie ou la douleur, vos accents s'élancent libres et victorieux, car l'artiste sans la liberté est comme le rossignol en cage : il ne chante plus !

HÉLÈNA

Voilà une liberté qui me raccommode avec vos républicains.

LÉON

N'est-ce pas, mademoiselle, oh ! nous finirions bien par nous entendre.

CLAIRE

Voyons, mon petit mari, nous sommes toujours les

victimes de la politique, vous devriez bien ménager notre faible esprit ; vous autres hommes, vous êtes trop exclusifs.

HÉLÈNA

C'est-à-dire très égoïstes.

LÉON

Eh quoi, mademoiselle, vous aussi.

HÉLÈNA

Nous finirons par nous entendre, disiez-vous tout à l'heure, soit, et je ne demande pas mieux ; mais à une condition.

SCÈNE X

LES MÊMES, plus UN MAGISTRAT du dehors.

LE MAGISTRAT

Au nom de la loi, ouvrez !

CLAIRE

Grand Dieu !

HÉLÈNA

Qu'est-ce donc ?

LÉON (allant vers la porte avec dignité)

Du calme ! nous allons le savoir. (Il ouvre la porte, un magistrat se présente.)

LE MAGISTRAT (agitant un papier)

Au nom de la loi !

LÉON (avec sang-froid)

Un Français lui doit toujours obéissance, monsieur.

LE MAGISTRAT

Est-ce à Monsieur Léon de Villequier que j'ai l'honneur de parler ?

CLAIRE (à part)

Le malheur que j'avais prévu.

LÉON (au magistrat)

Oui monsieur.

LE MAGISTRAT

Vous êtes mon prisonnier.

LÉON (avec ironie)

Quel est le crime dont on m'accuse ?

LE MAGISTRAT

Je n'ai pas à vous répondre, monsieur, une voiture nous attend, suivez-moi.

CLAIRE (avec stupeur)

Mon mari... Non, monsieur, il ne vous suivra pas.

HÉLÈNA (à part)

Pauvre jeune femme.

LÉON

Laisse-moi partir, ma bonne Claire, laisse-moi partir la tête haute et la conscience tranquille, l'honnête homme ne doit rien redouter, j'ai fait mon devoir de républicain sincère.

CLAIRE (à genoux)

Oh! je t'en supplie, Léon, ne suis pas cet homme !

LÉON (à Hélèna)

Mademoiselle Hélèna, je vous confie ma femme,

je reviendrai bientôt, j'en suis sûr, on ne saurait punir en moi le défenseur de la cause du peuple, j'en appellerai à la conscience publique.

LE MAGISTRAT

Etes-vous prêt, monsieur ?

LÉON

Je vous suis. (à Hélèna) Adieu. (à Claire qu'il embrasse) Au revoir, ma bien aimée, au revoir. (Ils sortent).

SCÈNE XI

CLAIRE, HÉLÈNA

CLAIRE

C'est le malheur qui nous frappe ! Nous étions si heureux, ma bonne Hélèna, si tu savais combien je l'aime !

HÉLÈNA

Mais c'est affreux de venir ainsi arrêter les gens, ne pleure pas, ma douce Claire, ton mari n'est pas coupable, j'en suis sûre !

CLAIRE

Coupable ! lui si bon, si grand, si généreux, coupable ! Ah ! c'est son cœur qui l'a perdu, c'est sa vaillante plume qui l'a trahi. Pauvre Léon... Coupable ! mais tu ne sais donc pas qu'il donnerait la dernière goutte de son sang pour le peuple. Coupable mais c'est un martyr de la liberté !

HÉLÈNA

Il faut le sortir de là à tout prix, il ne faut pas que la joie s'éloigne de ton foyer.

CLAIRE

Une idée... Oui, le comte Herman, n'est pas parti, il est puissant et dévoué... Viens, Hélèna, pauvre amie ! quelle réception je te fais. (Elles sortent par la gauche.)

SCÈNE XII

DURAND (seul)

Il y a des jours heureux dans la vie, positivement il y a des jours heureux. Je viens de rencontrer une affaire d'or et je me sens tout guilleret, moi. Ah ! la magnifique collection que celle du papa de Champeval... Voici maintenant que je possède des écus blancs de Provence, des écus carambole de Flandres et des sols de Strasbourg ! quelle chance ! Je vais commander de nouvelles étagères pour établir mon trésor, puis je veux changer la disposition de mes monnaies, mes écus aux trois couronnes et au vertugadin sont mal placés... mes médailles elles-mêmes ne produisent aucun effet, mon appartement est à la fois trop obscur et trop petit. Je possède la plus remarquable des collections ; j'ai la médaille de Charlemagne : *Carolus magnus renovatio regni Franc*, une tête laurée magnifique. J'ai... voyons un peu... J'ai : un Jean Boccace en robe traînante, avec la date 1374, s'il vous plaît, j'ai un Rabelais de 1533 : *Cave fictus fallit amictus*, oui je crois bien que c'est la légende gravée sur sa médaille. Oh ! je suis très riche, moi, j'ai tout un monde en or, en argent et en bronze qui s'agite sous mes doigts et dit à mon esprit la grande histoire du passé.

J'ai un Jean Calvin superbe de 1564, avec sa barbe pointue et son visage austère, puis une Diane de Poitiers victorieuse et demi nue qui terrasse l'amour : *Omnium Victorem Vici*. C'est très beau, très beau, mais il faut changer d'appartement, à tout prix il faut aller...

SCÈNE XIII

DURAND, CLAIRE, HÉLÈNA

CLAIRE

En prison !... En prison !...

DURAND

Ma foi, tu as raison, ma bonne fille, c'est une véritable prison !

CLAIRE

Quoi, mon père, vous le saviez !... Ils sont venus me l'enlever, les barbares ; ils n'ont pas eu pitié de mes larmes.

DURAND

Comment ?

CLAIRE

Léon, mon pauvre Léon.

DURAND

Ah bah ! moi je te parlais des médailles qui sont très mal placées...

CLAIRE

Et moi mon père, je vous parle de mon mari que l'on vient d'arrêter.

DURAND

Quoi, mon gendre !...

HÉLÈNA

Oui, monsieur, votre gendre est en prison.

DURAND

Comme mes médailles... mais calme-toi, mon enfant, j'ai du crédit et des amis, je vais aller.

CLAIRE

Hélas, mon père, vous vous arrêteriez en chemin comme cela vous arrive toujours, vous oublieriez votre famille pour quelque vieille pièce de monnaie.

DURAND

Ah ma fille ! peux-tu me juger ainsi, allons pardonne-moi, je suis un vieux fou, je le sais bien, mais aujourd'hui il s'agit de sauver ton mari et rien ne m'arrêtera, je te le jure ; voyons, dis un mot, que puis-je faire.

HÉLÈNA

Il faut attendre maintenant.

SCÈNE XIV

LES MÊMES, plus LÉON et le COMTE

CLAIRE

Mon mari ! Ah c'est Dieu qui te ramène vers moi.

LÉON (montrant le comte)

C'est un ami qui ne voulait même pas venir jusqu'ici et qui se dérobe sournoisement à notre reconnaissance.

CLAIRE (tendant la main au Comte)

Vous êtes un ami véritable, et je n'oublierai jamais le service que vous nous rendez.

DURAND

Certainement, c'est un acte vraiment noble et je le reconnaîtrai en offrant à monsieur le comte quelques sols parisis de Charles IX qui ne se trouvent pas dans sa collection.

LE COMTE

Accepté, avec bonheur, mon vieil ami.

LÉON

Ce cher père, je vais le rendre bien heureux. (Il prend dans sa poche une pièce de monnaie qu'il présente à Durand). Voici ce que j'ai acheté pour vous.

DURAND

Le franc d'or de St-Louis, la perle d'une collection, mon gendre, vous êtes l'homme le plus distingué de votre siècle... des hauteurs sereines où plane votre esprit, vous daignez descendre dans le petit coin du numismate pour y apporter un trésor, ah ! c'est bien, cela ! (Il contemple sa pièce).

CLAIRE

Monsieur le comte, vous nous avez rendu la joie.

HÉLÈNA

Nous avons songé à vous tout de suite, comme on songe à un digne et grand cœur.

LE COMTE (à Claire)

Vous disiez vrai ce matin, madame, l'amitié est d'or.

LÉON

N'est-ce pas ?

LE COMTE

Et j'en sens tout le prix.

CLAIRE (détachant le camélia qui orne sa coiffure)

Ce camélia, monsieur le comte, vous rappellera notre éternelle reconnaissance.

HÉLÈNA (au comte)

Moi, je n'ai rien à vous offrir.

LE COMTE

Qui sait... Mais vous avez fait le serment de ne jamais préférer personne, mademoiselle.

HÉLÈNA (émue)

J'ai juré de quitter le théâtre le jour où je craindrai de le trahir.

LE COMTE

Ce jour-là, mademoiselle, vous me trouverez tout près de vous, attendant un mot d'espoir.

DURAND

Le franc d'or de St-Louis, c'est miraculeux !

HÉLÈNA (au comte)

Laissez-moi chanter pour les pauvres, monsieur le comte, je vous répondrai après.

LÉON

Avant de nous séparer, mon cher comte, laissez-moi dire que je vais recommencer la lutte contre le despotisme et l'oppression, mais que je me rallie à votre drapeau, et que c'est au nom de la justice, du patriotisme et de la sagesse que je veux montrer au peuple le chemin de la Liberté !

La toile tombe.

L'ÉMERAUDE

Comédie en un Acte

REPRÉSENTÉE POUR LA PREMIÈRE FOIS

LE 8 NOVEMBRE 1877

PERSONNAGES :

Le Comte de FRÉRY   M. Maxime
La Comtesse Marguerite de FRÉRY   Mme Maxime

Un salon. Sur le premier plan, un canapé et une petite table — porte au fond, à droite et à gauche.

La scène se passe à Paris

L'ÉMERAUDE

SCÈNE PREMIÈRE

LA COMTESSE (en toilette de bal, fleurs blanches dans les cheveux, entre rapidement en scène, va s'asseoir sur le canapé, et laisse tomber de petites tablettes, sans s'en apercevoir)

LA COMTESSE

Mariée ! Je suis mariée ! je ne m'appartiens plus... J'ai trahi l'amour que renfermait mon cœur... J'ai oublié mon serment. Qu'ai-je fait ? mon Dieu ! Ah ! ce que je souffre est impossible à exprimer (On entend du bruit, mêlé à quelques airs de valse). On danse dans ces salons, pour célébrer mon mariage... pour célébrer mon martyre plutôt... Je me suis échappée comme une folle de cet enfer, car cette joie me fait mal... Le comte doit me chercher sans doute ; il aime, il a le droit de se croire aimé !... Ah ! Je lui dois un aveu ; je ne faillirai pas à ce devoir... Je lui dirai tout. Je lui découvrirai mon âme toute entière, et je me traînerai à ses genoux, s'il le faut !...

SCÈNE II

LA COMTESSE, LE COMTE

LE COMTE

Quel motif puissant vous oblige à vous éloigner de nous, ma bonne Marguerite ?

LA COMTESSE

Monsieur...

LE COMTE

Ce titre est bien froid pour un cœur qui ne soupire que pour vous, comtesse.

LA COMTESSE

Mon ami...

LE COMTE

(Il s'approche et lui prend la main)
Puisque nous sommes seuls, Marguerite, et loin

des indiscrets et des curieux, laissez-moi vous répéter mille fois combien je vous aime. Cet amour qu'un de vos sourires a fait éclore, est grand comme l'univers.

LA COMTESSE (à part)

Oh ! Cet aveu, je n'ose le faire... et cependant, il le faut !...
(Elle se recule tremblante).

LE COMTE

Vous tremblez, ma bien aimée. Pourquoi craindre d'être seule avec moi ?... Ne suis je pas votre époux ? ne m'avez vous pas choisi parmi tant d'autres qui soupiraient autour de votre beauté, et qui envient mon bonheur ?

LA COMTESSE

Pardonnez-moi, mon ami. (à part) Oh ! mon Dieu, donnez-moi la force de dévoiler ce secret qui me pèse comme un remords. (haut) Je ressens un malaise inexprimable.

LE COMTE

L'émotion, la fatigue du bal...

LA COMTESSE

Sans aucun doute. (on entend du bruit) Mais, j'entends des voix (elle se dirige vers la porte du fond).

LE COMTE

Marguerite, vous souffrez... je ne vous quitte pas.

LA COMTESSE

Restez! oh! restez!... je vous en supplie.

(Le comte s'incline)   (elle sort)

SCÈNE III

LE COMTE (surpris)

Je vous en supplie! restez! Tout cela me paraît bien étrange! (il s'assied) Est-ce que je ne serais pas aimé, moi qui ai donné toute mon âme, moi qui voudrais avoir dix existences pour les lui consacrer? (il se lève et se promène avec agitation) Est-ce que le bonheur serait vraiment impossible à rencontrer ici-bas? — allons donc, je rêve, et, franchement, pour un premier jour de noce, j'ai des pensées d'enterrement. Tiens, qu'est-ce donc? (il ramasse les tablettes) des tablettes !... Un de nos invités les aura perdues... Mais non !... nul étranger ne peut pénétrer dans ce salon, et ce délicieux objet ne peut appartenir qu'à la comtesse.— Je vais...

(il se dirige vers la porte, et revient s'asseoir)

(finement) Elle m'a dit : restez, je vous en supplie ! Je vous obéis, Madame.— Ce carnet tout parfumé m'intrigue singulièrement. L'ouvrirai-je ? Non, cela serait indigne d'un gentilhomme ! indigne ... indigne ... la belle excuse pour un mari !... J'ouvre les tablettes ! (il les ouvre et se lève) Il est certain que j'ai tort, mais la faute est faite et le premier pas est celui qui coûte le plus.— Il n'y a d'ailleurs qu'une page écrite au crayon, une note de colifichets, sans doute... (il lit)

(avec vivacité) mais je me trompe ! Oh ! ce n'est pas possible !... j'ai mal lu...

(On entend une valse dans l'éloignement)

(lisant) « Aujourd'hui, 12 Janvier, ma dernière
« espérance s'est envolée. J'épouse le comte de Fréry ;
« il est noble et plein de cœur ; on le dit brave
« et généreux, mais je n'éprouve pour lui que de la
« sympathie et du respect. Mon cœur ne m'appartient
« pas ; je ne puis le donner à celui dont je vais porter
« le nom. Que Dieu me pardonne et me protège ! »

LE COMTE

Ah ! que la mort vienne maintenant, je ne la crains pas... Elle sera la délivrance suprême, elle sera l'oubli éternel.

Marguerite ! Oh ! Marguerite, si tu savais pourtant combien je t'aime !

(il s'incline et pleure) Allons ! soyons homme ! soyons fort ! Je prendrai une résolution cette nuit même. (il se dirige vers la porte) Je quitterai Paris... Je fuirai, et vous serez heureuse et libre Madame la Comtesse ! (il sort)

SCÈNE IV

LA COMTESSE (Elle entre par la gauche)

J'ai perdu mes tablettes ! il ne manquait plus que cela... Ah ! je suis folle, vraiment, d'aller confier au papier toutes les impressions de mon âme... Ne devrais-je pas plutôt me résigner à vivre auprès du comte de Fréry, comme une épouse véritable ? (elle a l'air de chercher ses tablettes) ne devrais-je pas essayer d'oublier cet inconnu qui apparut un jour devant moi et toucha mon cœur de jeune fille ?... Et ces tablettes qui ne se trouvent pas... (elle s'assied et rêve) Comme je me souviens maintenant, hélas ! je ne reverrai jamais ce jeune homme, et si je le revoyais, ce serait pour le fuir, — le fuir pour toujours. (pause) Ah ! faisons des rêves, où nous mêlons les cieux éclatants et les printemps en fleurs ! ne voyons de la vie que le côté charmant et radieux !... croyons à tout ce qui est bon, beau et grand ! aimons pour vivre et vivons pour aimer !... Un jour viendra où le souffle brutal de la fatalité éteindra les lumières de notre esprit et les enchantements de notre cœur !

SCÈNE V

LA COMTESSE, LE COMTE

LE COMTE

Madame, je bénis le hasard qui me fait vous rencontrer. — Je veux en profiter pour vous annoncer mon départ de Paris.

LA COMTESSE (vivement)

Votre départ !...

LE COMTE

Oui, Madame... (à part) elle est émue. (haut) Cela vous surprend ? — vous afflige, peut-être ?...
(Geste de la Comtesse)
Je ne croyais pas être obligé de m'éloigner de vous en ce moment. Les jours heureux, Madame, ont parfois de bien tristes lendemains...

LA COMTESSE

(à part) Qu'est-il arrivé. (haut) Vous paraissez inquiet, préoccupé ; — ne puis-je savoir ?

LE COMTE

Le motif qui m'éloigne de Paris... C'est l'histoire d'une sombre catastrophe et d'une grande douleur.

LA COMTESSE (à part)

Que veut-il dire ?

LE COMTE

Jugez-en, Madame. La fortune, cette grande capricieuse comblait de ses dons un de mes amis ; il aimait une jeune fille, qui semblait par ses vertus et sa beauté lui promettre des jours heureux et faciles ; il caressait cet amour en son cœur, comme un avare caresse un trésor ; il touchait au seuil de la félicité suprême, car la jeune fille l'avait accepté pour époux...

LA COMTESSE (avec un frémissement dans la voix)

Oh ! cette histoire ... achevez-là.

LE COMTE

J'ai fini. Mon ami a découvert que l'ange était un démon, et que la jeune fille...

LA COMTESSE (avec effort)

Le trompait, peut-être ?...

LE COMTE

Précisément, Madame. Mais, comme vous êtes émue ! Pardonnez mon récit ; il sert d'excuse à mon départ précipité. Je vais aider mon ami à se consoler où... à mourir. (il se dirige vers la porte)

LA COMTESSE (elle fait un pas vers le Comte)

Monsieur, cette jeune fille n'est peut être pas... aussi coupable...

LE COMTE (scandant ses paroles)

Restez ! oh ! restez, Madame, je vous en supplie.

(il sort)

SCÈNE VI

LA COMTESSE (après être restée un instant comme anéantie)

Oh ! je sens un abîme se creuser sous mes pieds. Qui donc me délivrera de mes tortures ?

SCÈNE VII

LE COMTE, LA COMTESSE

LE COMTE

C'est encore moi. (il s'avance vers la comtesse)

LA COMTESSE (à part)

Que ne puis-je l'aimer ?

LE COMTE (il lui présente les tablettes)

J'ai trouvé ces tablettes qui vous appartiennent, Madame.

LA COMTESSE

Monsieur le Comte.

LE COMTE

Je vais répondre à l'interrogation que vous n'osez faire. J'ai lu la première page de ce petit livre.

LA COMTESSE (d'une voix brisée)

Alors, Monsieur, vous me trouvez bien coupable, et vous me jugez bien sévèrement. Oh! si vous saviez!...

LE COMTE

Madame, je suis un honnête homme, et je vous aimais, et je vous aime encore de toute la puissance de mon être. Hier, ce matin encore, vous pouviez m'ouvrir votre âme et dessiller mes yeux ; vous pouviez me dire : mon cœur n'est pas à vous ; un autre l'occupe tout entier : — fuyez-moi, laissez-moi libre, allez au loin mourir de désespoir et de douleur ; — et je vous aurai obéi, madame. Maintenant, il est trop tard ; pourquoi m'avez-vous épousé ?

LA COMTESSE (les mains jointes)

Oh! pardonnez-moi, Monsieur le comte ; soyez généreux jusqu'à la fin ; vous allez tout savoir!

LE COMTE

Et qu'ai-je besoin de savoir de plus, Madame ? vous ne m'aimez pas; vous m'avez épousé par force, et j'ai un rival préféré. Tout cela est écrit: c'est votre histoire et c'est la mienne. (il se laisse tomber dans un fauteuil) Et j'avais la faiblesse de croire à la jeunesse et de croire à l'amour !

LA COMTESSE

Monsieur, je sais peu de chose de la vie, si ce n'est la douleur. J'ignore l'art de dissimuler ses paroles. Je vous dois un aveu.

LE COMTE

Un aveu !

LA COMTESSE

Le nom que vous m'avez confié, je le respecterai, Monsieur le Comte. Je serai votre amie et votre sœur; nul être au monde n'aura plus d'amitié plus de respect pour vous que je n'en aurai.

LE COMTE (il se lève)

L'amitié ! le respect ! Ces mots sont glacés, et vous

ne songez pas, Madame, que je vous aime avec idolâtrie ! Vous ne songez pas que ce matin je me croyais l'homme le plus heureux de la terre, et que j'en suis maintenant le plus désespéré ; que j'avais le ciel dans le cœur, et que j'ai l'enfer dans l'esprit, maintenant ! Allons, Madame, soyez franche, pourquoi m'avez-vous épousé ?

LA COMTESSE

Parce que mon tuteur me l'ordonnait, en me menaçant d'un couvent si je refusais d'obéir.

LE COMTE

Ah ! je comprends ! Vous m'avez accordé la préférence. Mais ignorez-vous donc, Madame, que le mariage est un couvent plus terrible encore que celui que vous redoutiez.

LA COMTESSE

Monsieur, je vous savais honnête et loyal ; j'espérais...

LE COMTE

Mais celui que vous aimez est donc un être merveilleux, pour que vous ne cherchiez pas, devant moi, votre mari, à déguiser cet amour.

LA COMTESSE (avec un soupir)

Oh ! oui !

LE COMTE

Il est jeune.

LA COMTESSE

Je le crois.

LE COMTE

Il est noble.

LA COMTESSE

Je le suppose.

LE COMTE

Et... il est beau.

LA COMTESSE

Je l'espère.

LE COMTE

Voyons, Madame, il est temps de répondre sérieusement à un époux qui doit se croire outragé.

Je vous demande si celui que vous me préférez est jeune, noble, beau, et vous me répondez par ces mots incompréhensibles. Je le crois, je le suppose, je l'espère !

LA COMTESSE

Mais, Monsieur, je ne puis vous répondre autre chose, car je ne le connais pas...

LE COMTE

Pardon, Madame, mais je vous jure sur l'honneur que mon esprit s'en va. (il lui présente un siège et en prend un.) Vous prétendez que vous aimez un jeune homme. (La comtesse fait un signe affirmatif) Et que ce jeune homme vous ne le connaissez pas !

LA COMTESSE

C'est l'exacte vérité.

LE COMTE

Alors je suis fou ! complètement fou !

LA COMTESSE

Attendez-moi une minute, Monsieur le comte, à mon retour, je vous ferai ma confession. (elle sort.)

SCÈNE VIII

LE COMTE

Quelle nuit de noce ! (on entend un air de valse) Et ces gens qui dansent encore ! Ah ! je suis un homme bien malheureux (il se lève et se promène avec agitation). Ment-elle avec impudence ! Ne pas connaître celui que l'on aime, est-ce possible ? Et cependant elle est jeune et pure : elle ne doit pas, elle ne sait pas mentir. Ah ! je suis bien puni de ma jeunesse insoucieuse, pleine d'égoïsme et de désœuvrement. Devais-je croire à l'amour, moi qui prétendais connaître le cœur humain ? L'heure de la souffrance est venue, comme une vengeresse impitoyable, car j'aime cette femme comme on aime son Dieu, moi, et je sens bien que je ne pourrai vivre sans elle.

SCÈNE IX

LA COMTESSE, LE COMTE

LA COMTESSE (elle dépose un coffret sur la table)

Vous allez m'écouter un instant avec attention, Monsieur le Comte ; vous me plaindrez ensuite, car vous comprendrez tout ce que j'ai dû souffrir et tout ce que je souffre encore.

LE COMTE

Soit, Madame, je partirai après vous avoir écoutée. (Ils prennent des sièges).

LA COMTESSE

Il y a six mois que je quittai le couvent.

LE COMTE (à part)

Elle a fait du chemin depuis. — Oh ! ces pensionnaires, avec leur mine sournoise ! (haut) Six mois seulement, Madame.

LA COMTESSE

Oui, monsieur. (avec émotion) Oh ! je n'oublierai jamais cette date mémorable. Le même soir, il y avait bal paré et masqué chez la marquise d'Arfeuille.

LE COMTE (à part)

Oui, j'étais à ce bal ; — je me souviens.

LA COMTESSE

Mon tuteur voulut à tout prix me conduire chez la

Marquise. On me fit abandonner ma modeste robe du couvent, on jeta sur moi un domino, on mit un loup sur mon visage, et l'on m'entraîna...

LE COMTE (avec intérêt)

Poursuivez, Madame.

LA COMTESSE

Je fus bientôt éblouie, moi, pauvre pensionnaire de couvent, au milieu de cette société curieuse, vêtue d'habits étranges, se livrant à tous les écarts tolérés par une aristocratie indulgente.

LE COMTE (à part)

Il m'arriva une aventure, cette nuit là.

LA COMTESSE

Je m'étais réfugiée dans l'angle d'un grand salon, toute confuse de me trouver dans le monde, et cherchant à m'en isoler, lorsque je m'aperçus que je n'étais pas seule, et qu'un cavalier vêtu en Marquis me considérait avec attention.

LE COMTE (à part)

Mais, c'était moi, ce Marquis là ! Où va-t-elle en venir ?

LA COMTESSE

Ce Marquis me regardait à travers les trous de son masque avec une persistance singulière. « Mademoiselle, me dit-il enfin, je suis sûr que vous vous ennuyez beaucoup ici. » — Je n'osai d'abord répondre à cet inconnu ; mais, peu à peu je me sentis pleine de trouble et d'émotion et je l'écoutai avec plaisir, avec bonheur. Sa voix était d'une douceur pénétrante, et son regard, qui lançait des flammes, était toujours rivé sur le mien.

LE COMTE (à part)

C'est toujours moi !

LA COMTESSE

Il m'offrit son bras, nous traversâmes les salons, et nous allâmes nous asseoir dans un boudoir plein de parfums.

LE COMTE

Votre récit m'intéresse au plus haut degré.

LA COMTESSE

Nous dansâmes ensemble une partie de la nuit; et, lorsque l'heure de la séparation sonna, je sentis que mon cœur tremblait d'émotion, et qu'une nouvelle vie allait s'ouvrir devant moi. Mon cavalier me tendit une main dans laquelle je mis la mienne sans hésiter.

LE COMTE (d'une voix tremblante)

Et alors... Oh! continuez, Madame.

LA COMTESSE

Tout à coup, je sentis qu'il glissait une bague à mon doigt. — Que faites-vous, lui demandai-je ? — Oh! me répondit-il mon cœur s'est déclaré pour vous cette nuit : Cette bague me rappellera à votre souvenir. Je vous aime, aimez-moi. — Je le jure! m'écriai-je ; et, toute frémissante, je détachai mon bracelet, et je l'offris comme le gage de mon serment.

LE COMTE (à part)

C'était moi!... Oh! le ciel m'a fait rencontrer un ange sur cette terre!

LA COMTESSE

A ce moment, mon tuteur m'aperçut et m'entraîna vers notre voiture. A la lueur d'une bougie vacillante, je laissai tomber mon loup; mon cavalier en fit autant; nous ne fîmes que nous envisager : nous ne devions plus nous revoir. (elle ouvre le coffret et prend la bague)

LE COMTE (à part)

Quel merveilleux hasard ! Ah ! je sens que le bonheur revient : ce que l'époux n'a pu obtenir, l'amant l'obtiendra.

LA COMTESSE (présentant la bague)

Voici l'émeraude que me donna l'inconnu. Je vous ai tout dit, Monsieur le comte.

LE COMTE (à part)

(il prend l'émeraude) Il faut déguiser son bonheur. (haut) Madame, j'ai besoin de réfléchir à cette étrange aventure — Confiez-moi cette émeraude — Je reviens dans un instant.

(il sort)

SCÈNE X

LA COMTESSE

Mon aveu est fait. J'ai laissé échapper ce grand secret qui me causait des tortures indicibles. Ah! Dieu sait ce qu'il coûtait à mon cœur.— Maintenant que le Comte a tout appris, je me trouve plus calme et plus rassurée. (après un silence) Mon mari est un noble cœur; et comme je me sentirais disposée à l'aimer si je le pouvais sans remords! Pauvre comte! Quelle triste vie sera la sienne désormais! Il m'aime tant, il a l'air si bon. Comme il était ému en écoutant mon récit!— (elle rêve) Pourquoi mon tuteur m'a-t-il conduite chez la Marquise d'Arfeuille? — Au couvent, on voit passer, dans les songes, de beaux cavaliers vêtus d'habits magnifiques, et ces beaux cavaliers vous parlent d'espérance et d'amour! — Dans cette nuit délicieuse, je rencontrai cet idéal caressé si longtemps, — et mon âme s'abandonna tout de suite! — Si j'avais eu ma mère, elle m'eût conseillé. Je n'avais que mes illusions et mon cœur.— J'ai tout donné!

SCÈNE XI

LE COMTE (sous un costume de Marquis avec un loup sur le visage, et déguisant sa voix)

LA COMTESSE

Que vois-je ?

LE COMTE

Je vous aime et je viens...

LA COMTESSE (chancelante)

Comment, Monsieur, vous venez ? Et de quel droit ? — Je suis mariée, Monsieur ! —

LE COMTE

Vous avez donc oublié votre serment ?

LA COMTESSE

Ne me le rappelez pas.

LE COMTE

J'ai bravé tous les obstacles pour vous revoir.

LA COMTESSE

Monsieur !

LE COMTE (faisant un pas vers la comtesse)

Vous êtes à moi ; je vous aime.

LA COMTESSE

N'approchez pas, monsieur ! Oublions un rêve irréalisable ! J'ai trahi un serment que je ne pouvais tenir ! — Je suis la femme d'un généreux et vaillant gentilhomme.

LE COMTE

Madame !

LA COMTESSE

Et depuis un instant, Monsieur, je sens que je l'aime de toute mon âme.

LE COMTE

Il est impossible que votre cœur ait oublié cette nuit radieuse, pleine de rêves enchanteurs et de parfums enivrants !

LA COMTESSE

Monsieur, votre présence dans cette maison au milieu de la nuit, me glace de terreur. Oh ! qui que vous soyez, — vous aurez pitié de moi, vous comprendrez la situation affreuse dans laquelle je me trouve... vous fuirez...

LE COMTE

Jamais! Madame. Vous avez juré d'être à moi; je viens vous rappeler ce serment.

LA COMTESSE (joignant les mains)

Mais, je suis mariée, et je ne m'appartiens plus!

LE COMTE

Je vous aime!

LA COMTESSE

... C'était la première fois que j'allais dans le monde, Monsieur, je venais de quitter le couvent...

LE COMTE

Vous avez juré!

LA COMTESSE (avec dignité)

Je suis la femme du Comte de Fréry, Monsieur, j'attends mon mari!

LE COMTE.

Votre mari!... Je le tuerai!

LA COMTESSE (avec vivacité)

Eh bien tuez-moi aussi, puisque je l'aime! Monsieur, je suis seule coupable; le Comte est innocent, je vous le jure!

LE COMTE

Oh! que votre regard m'éblouit et me fascine (il lui prend la taille)

LA COMTESSE (avec effroi)

A l'aide! au secours! à moi! Comte, à moi!

LE COMTE (faisant tomber son loup et reprenant sa voix naturelle)

Vous m'avez appelé, me voici.

(il ploie le genou)

LA COMTESSE

Quoi! Monsieur c'était vous? O bonheur! (avec crainte) Et l'autre?

LE COMTE (se relevant)

Et l'autre, — c'était encore moi! (il lui présente le bracelet) Reconnaissez-vous ce bijou?

LA COMTESSE

Mon bracelet ! Oh ! je suis bien heureuse, mon ami ; je vais vous aimer pour vous deux.

LE COMTE

Marguerite, vous êtes aussi bonne que belle. (il lui prend la main et glisse la bague à un doigt.) L'amant vous avait offert une émeraude, et c'est l'époux qui vous supplie aujourd'hui de l'accepter !

La toile tombe.

14 Février 1873.

IMPRIMERIE Ve LENTHÉRIC

AGEN

Juin 1890

ŒUVRES D'ÉVARISTE CARRANCE

Littérature contemporaine, 44 volumes à	10 fr. »
Le Mariage chez nos Pères, 1 volume in-8º.	5 »
Histoire d'un Mort, nouv. éd. id.	3 50
Mystères de Royan, id id.	3 50
Van-der-Bader....... id.	3 50
Le Pays Bleu, poésies. id.	5 »
Nuits d'Automne, poésies. id.	5 »
Les Flèches d'Argent. id.	5 »
Coriolan, drame en cinq actes. id.	5 »
Théâtre complet, 1er volume. id.	3 50
id. édition papier de Hollande.	10 »
Les Grandes Figures de la Bible, 1 volume	5 »
id. édit. sur pap. de Hollande	10 »
De ma Fenêtre, croquis et profils, 1 volume in-18	1 »
Au bruit du Canon, poésies. id.	1 »
Les Toqués, un acte en vers.	1 »
A vingt ans, un acte en vers.	1 »
Le Camélia, 1 acte en prose.	1 »
L'Emeraude, 1 acte en prose.	1 »
Maison à Louer, un acte en prose, 5e édition.	1 »
Vingt minutes d'Arrêt, un acte en prose, 6e édition	1 »
Le Capitaine Bouton d'Or, com. un acte, en prose.	1 »
Le Gant Rose, comédie, 6e édition.	1 »
Sous les Marronniers, un acte en prose.	1 »
Le choix d'un Mari, 3 actes en prose.	1 50
Les Ruses de l'Amour, 3 actes en prose.	1 50
Le Divorce, monologue.	» 50
La Prostituée, monologue.	» 50
Les belles-Mères, anecdotes.	» 50
La Revanche, monologue.	» 30
Contes Grivois, quatre séries.	2 »
Ahmed le Boucher (étude)	» 50

Pour recevoir un ou plusieurs de ces ouvrages, en adresser *franco* la valeur à M. l'Administrateur de la *Revue Française*, 6, Rue Puits-du-Saumon, à Agen (Lot-et-Garonne).

REVUE FRANÇAISE

Organe des Concours Poétiques du Midi

16me Année

Directeur : EVARISTE CARRANCE

ABONNEMENTS pour la France.	10 fr. par an.
— pour l'Etranger.	12 fr. par an.

www.ingramcontent.com/pod-product-compliance
Lightning Source LLC
Chambersburg PA
CBHW070637170426
43200CB00010B/2054